오월의 감정학

오월의 감정학

초판1쇄 찍은 날 | 2022년 5월 16일
초판1쇄 펴낸 날 | 2022년 5월 18일

지은이 | 조진태
펴낸이 | 송광룡
펴낸곳 | 문학들
등록 | 2005년 8월 24일 제 2005 1-2호
주소 | 61489 광주광역시 동구 천변우로 487(학동) 2층
전화 | 062-651-6968
팩스 | 062-651-9690
전자우편 | munhakdle@hanmail.net
블로그 | blog.naver.com/munhakdlesimmian
값 15,000원

ISBN 979-11-91277-45-6 03800

• 잘못된 책은 바꿔드립니다.

오월의 감정학

조진태 지음

1980년 5월 광주는 인간의 모든 감정이 촉발된 시공간이었다

문학들

책을 펴내며

    마치 필생으로 풀어야 할 난제를 받아든 것처럼 안절부절 허둥댄다. 오월만 생각하면 그렇다. 흰머리가 숭숭함에 이르러 무엇을 더 궁구할 것이 있을까만 내 삶을 가둔 숙명 같은 어떤 것 때문인가 자문해 볼 따름이다. 돌이켜 보건대 치열하지도 못하면서 절정의 삶을 꿈꿨던 생각의 극단이 우스꽝스럽기도 하다. 세월이 한참을 지나 '다른 세상'에 대한 겹겹의 관념이 깨진 것은 1990년대의 시대조류와 함께 장삼이사의 거침없는 오월을 맞닥뜨리면서였던 것이니 얼마나 세상살이에 철부지였던 것인가. 화엄이 거기에 있으리라는 믿음 또한 지극한 관념이었지만 이로부터 삶의 의욕을 불태우기도 했던 것이기에 뒤늦은 자각은 자못 처연했다. 그렇게 대면하게 된 현실 속 오월의 일상은 도무지 감당키 어려웠다. 신성과 세속, 자긍과 수치, 열망과 냉소가 현란했다. 때로는 부끄러워서 자꾸만 고개를 외로 꼬기도 했다.
    그럼에도 어쩌랴, 마치 숙명처럼 '무엇'의 오월에 영혼이 닿아 있었으니 말이다.

아무리 진창일지라도 누군가는 마른 길을 열어야 할 것이며 그 누군가가 내게 온 것이 아닌가 하는 착각 또한 곤경을 맞닥뜨리게 한 힘이기도 했음이라.

이 착각이 그때 그곳 사람들의 감정 속으로 나를 이끌었다. 마침 오월의 전승은 문화적 기억일 때 오래 지속된다는 판단도 있었다. 추모와 애도를 넘어 기념과 전승에는 형해화한 의례와 지식보다 감각을 건드리는 시와 소설 작품이 마땅할 것이다. 사람의 행동을 촉발하는 것은 찰나의 충동이며 평소의 내장된 종합감정의 경로를 따라 '그'를 현장에 있게 하지 않겠는가. 이타적 감정은 본래적이지만 세대를 이은 관습과 문화감성이 공동체의 도덕규범일 것이며, 사람의 지성을 가름하리라.
  욕심이 났다. 분노와 두려움, 슬픔과 기쁨, 사랑과 공감 등의 감정으로 오월의 내면을 읽고 싶었다. 시의 감성과 소설의 스토리를 가지고 제법 진지하게 오월을 성찰하는 사람들과 이야기를 나누고 싶었다. 이 의욕을 행동으로 옮겨서 가장 손쉬운 강의 방식으로 당시의 사건과 상황을 미시적으로 풀어보고 의견을 구해 보았다. 그리고 원고로 정리해서 문예지 『문학들』에 발표도 했다. 이 책의 출생처인 셈이다.

그리고 다른 한편으로는 오월의 탱천한 문제의식을 조목조목 따져 보고 싶었다. 통속적인 오월과 훼손된 오월의 이면을 다뤄 보고 싶었다. 농단된 오월의 모습도 신랄하게 짚어 보고 싶었다. 당사자주의와 정치화한 오월의 면모, 발언은 하되 궁시렁거리거나 투덜거릴 뿐인 지식인들의 자기 편의주의, 진창에 발을 들이기 싫어하면서 지당하신 말씀만 늘어놓는 고상한 분들과 자신만이 당시 현장의 전부였던 분들의 초상도 직시하고자 하였다. 그러나 문제의식의 일단에도 못 미쳤음을 실토할 수밖에 없다. 강박이 컸고 의욕 과잉이 짚인다. 능력 결여도 별 수 없다. 그날 이후 부서져 버린 영혼을 어찌지 못해 스스로 삶을 마감해 버린 선한 이들의 절실함을 온전하게 체화하지 못한 한계를 부인할 수 없다. 오월지성이 무엇인지를 충분히 그리지 못했다는 변명이다. 슬픔과 분노를 내면화한 분별력 있는 행동과 타인의 고통에 신실하게 응답하여 자신의 희생을 기꺼이 수행하는 사람들이 오월지성일 것이라는 막연함에 그쳐 버렸다.

책의 구성에 대해서 실토한다. 한 권의 분량으로는 글이 미치지 못하여 부득불, 석사논문으로 썼던 것을 다듬어서 뒷부분에 덧붙였다. 범주를 너무 넓게 잡아 놓고 버둥대던 기억이 새롭다. 충분한 학습과 고찰 없이 단순한 아이디어만으로 두 학자의 큰 담론을 잘못 끌어들인 것만 같아 등골이 서늘하다. 폐가 아니길 간구하며 부족함을 자책한다. 별수 없다. 다시 책을 낼 일이 없으리란 원려를 핑계로 삼았다.

제1부의 글이 시기적으로 2013년부터 2017년 사이의 강의와 원고 내용으로 구성되었고, 제2부의 글은 주로 석사 논문을 재구성한 것이다. 제3부 「자명한 오월에 파문을 내야 할 5·18문학상」은 미당문학상 수상작가의 2017년 5·18년문학상 본상 수상 관련 논란이 일던 시기의 글이고, 「문학의 방외자가 던지는 '김현의 오월문학'에 대한 몇 가지 물음들」은 2019년 '김현문학축전'에 김형중(문학평론가, 조선대 교수)의 발표에 대한 토론문으로 썼던 글임을 부연해 둔다.

오월의 현장은 여전히 미답지이며 '무한 텍스트'다. '새로운 구조'를 만들어 버린 사건인 만큼 해석 또한 무궁하다. 지금도 오월이 당대인 분들은 그 성스러운 책임의 감정에서 놓여나야 할 것이고 오월의 숭고에 긴박된 분들의 이현령비현령도 타파되기를 간구해 본다. 미래세대의 오월에 대해서 당위로 제창하지만 그들의 섣부른 예단이나 특정 관념에 종속된 도구화를 아울러 경계한다. 한편 본문이 쓰인 지 여러 해가 지나 새삼, 책으로 묶어내려 할 즈음 전두환과 노태우가 세상을 떠났다. 그리고 2022년 봄, 환멸과 낙담과 더불어 오월이 다시 호출됐다. 실체적 진실을 밝힐 진상규명이 국가적 차원으로 진행되는 도중인데, 아뿔사. 우리의 오월은 여즉 피가 끓고 있다. 오월의 1인칭이 스스로 3인칭이 되어 '우리들'의 오월로 거듭나는 날은 언제쯤일까. '그들'은 언제쯤 거리두기를 멈추고 공감하는 오월로 더불어 함께 설 수 있을까.

오월의 이름으로 세간에 책을 내놓는 까닭에 자답해 본다. 지친 일상을 벗어나서 자신의 삶은 무엇인가를 한 번쯤은 골몰하는 때, 1980년의 시간과 공간 그 어디쯤에 마주 서 있다면 '나'는 어떻게 할 것인가를 반추해 볼 분들에게 "그때, 그 사람들은 무엇 때문이었을까"라는 물음을 갖게 하는 동기로 읽혔으면 하는 바람이다. 나의 20대를 뒤흔든 것이 시대라는 격동과 더불어 몇 구절의 시편이었음을 떠올리게 된 까닭이다. 그러므로 어찌 아는가. 혹여 이 글을 읽는 분들 중 누군가에게 파문 한 점으로라도 마음을 치는 촌철의 시간이 새겨질 수 있음을. 그 파문의 한 점이 세상을 바꿀 파도로 일렁이며 '오월지성'의 품격을 돈독하게 할 수도 있지 않을까를 가늠해 볼 따름이다.

2022년 5월
조진태

차례

책을 펴내며   4

제1부
시로 읽는 5월의 절대공동체   13
오월 기억투쟁, 슬픔의 힘   40
더 많이 오월을 감각하는 일, 사랑과 공감   63
도래할 절대공동체   88
- 오월의 일상과 숭고

제2부
오월을 이야기하는 방법   115
- 오월의 문화화

전승할 이야기로서 오월의 담론을 위하여   129
- 두 개의 봉우리들

기억투쟁으로서 오월의 문화예술   153
하나의 전형, 전야제   177

제3부
자명한 오월에 파문을 내야 할 5·18문학상   203
문학의 방외자가 던지는
'김현의 오월문학'에 대한 몇 가지 물음들   219

제 1 부

1980년 5월 광주는 인간의 모든 감정이 촉발된 시공간이었다

시로 읽는 5월의 절대공동체

　공감의 시대이다. 기억은 몸에 각인된 문자처럼 공감의 매체 역할을 한다. 이 공감을 통해서 지난 과거는 현재의 생동하는 기억으로 되살아난다. 저장된 기억과 섬광처럼 회상되는 기억은 행동을 촉발한다. 특정 사건과 연관된 격정과 고통은 모두 신체화된 기억의 반응이다. 경험의 어떤 것들을 상징화하거나 이론화하여 의미를 부여하는 것도 기억의 역사화이다.
　1980년 5월을 격정과 고통, 그리고 상징의 기제로 기억 투쟁의 장에 다시 불러내려는 까닭은 무엇인가. 국가란 이름으로 자행된 야만적인 폭력과 그 폭력의 평범성을 경계하려는 것은 항상적이어야 한다. 이 경계는 고통의 기억과 격정의 공감을 동시적으로 불러내 상징화해야 한다. 5월이 보인 공감 행동의 무조건성(격정)과 희생의 자각성이 순간적으로 내보인 인간 존엄의 실체적 가치(상징화)를 전면화할 필요가 있다. 이것은 절대공동체(최정운, 『오월의 사회과학』, 오월의 봄, 2012. 이하 생략)라는 명명으로 조응한다. 1980년 5월은 '광주만'(고통과 격정)의 것이지만 '광주'의 시공간을 넘어서는 것으로서 공동체적 인류 가치(상징성)를 내장한 절대공동체이다. '광주만'의 사건으로 탈역사화하고 '광주 사람들만'의 것으로 당파지어 배제하고 묵살하고 싶어 하는 오래된 지배집단의 지역주의 이데올로기에 맞서는 상징화이다. 절대공동체의 신기루를 경험한 당시 현장 사람들의 몸(감정)과 장소(시공간)는 문자기록과 구술기록의 매체로 기억되었다. 매체로부터 기억을 재구성하는 것은 무조건적(무의식적 반사행동)이며 반성적(의식적 자각행동)인 생각과 행동을 재구성하여 절대공동체의 '공감 감정'을 끌어내는 일이다.

공감 능력은 인류진화의 선물이며 인간이 존재하는 데 필수적인 감정 능력이자 제도적 전제가 되어 왔다. 5월을 다양한 기억 매체를 통해서 되살리고 생동하는 현재의 것으로 재구성하는 일도 '공감의 제도화'로서 역사화에 더욱 진격하기 위함이다. 5월이 내장한 정신적 가치가 시의적으로 이용되는 당파적 이해를 초월하여 삶의 다양한 영역에서 회상되고 상상하도록 해야 한다. 이때 문화적 서사는 주요 방법일 것이다. 이 문화적 서사에서 시문학(문학)은 영상기록, 구술기록과 함께 5월의 현장 경험을 감각화하는 주요 기억 매체이다. 망각과 기억의 현실감정에서 출발하여 잊거나 잊어버려서는 안 될 과거(사람들의 삶)에서 뭔가를 찾아내고자 끊임없이 삽질하는 것이 시(문학)이다. 시(문학)는 회상과 상상을 통해 몸

(역사)에 새겨진 사건을 상흔으로 대체하여 재구성한다. 반성과 성찰을 위한 기억 투쟁이 지속적인 상징화를 통해 사건의 의미를 현재화하는 일이라면 기억을 위한 문화적 서사로서 시문학은 기억 매체의 감각화를 통해 잊지 말아야 할 고통과 더불어 단번에 절대공동체의 신기루를 경험하는 상상력의 길과 접속하는 방법이기도 할 것이다.

1. 기억과 망각

> 그런데 나는 우리의 대표적 민요 아리랑이 갖는 그토록 피끓는 전율을 광주에서 처음 느꼈다. 단전단수로 광주 전역이 암흑천지로 변하고 방송국, 파출소 등이 불타 도청 앞 광장으로 손에 손에 태극기를 흔들며 모여드는 군중들이 부르는 아리랑 가락을 깜깜한 도청 옥상에서 혼자 들으며 바라보는 순간, 나는 내 피 속에 무엇인가 격렬히 움직이는 전율을 느끼며 얼마나 하염없이 눈물을 흘렸는지 모른다
>
> — 김충근, 「금남로 아리랑」 부분, 『5·18특파원리포트』

 어떤 극단의 상황에 놓인 인간(들)의 행동을 유도하는 것이 이성적 판단이 아니라 감성적 공감능력에서 비롯되는 것(데이비드 흄)이라면 그것을 가능케 한 당시 시민들의 '현장 감정'은 무엇이었을

까. 어떤 인간적 동기가 그들을 밀어붙여서 '절대공동체'를 이룰 수 있도록 한 것일까. 기존의 삶의 문법을 전복하고 일상적이고 상대적인 척도를 뛰어넘는 사건으로서 '서로주체'의 '만남 공동체'(김상봉·고명섭, 『만남의 철학, 김상봉과 고명섭의 철학 대담』, 도서출판 길, 2015. 이하 생략)를 이룬 것일까. 우리는 김충근 기자의 눈을 통해서 1980년 5월 20일 밤 금남로와 옛 도청 일대의 상황을 매우 감동적으로 전해 듣는다. 그리고 저 이야기는 우리를 같이 울게 만든다(김상봉). 우리를 같이 울게 만드는 위의 구술기록은 왜 아직도 5월인가를 물어야만 하는 당위에 접속된다. 인간의 존엄을 회상하고 의미를 따지는 일에는 과거가 없다. 과거와 현재, 미래가 동시에 존재한다.

'광주'라는 도시 공간에서 광주공원과 금남로 아스팔트 거리, 적십자병원과 전일빌딩, 양동시장과 대인시장, 그리고 부지깽이에서 시작한 저항의 무기들, 태극기, 애국가 등의 노래들로 표현된 광주의 시공간은 다른 무엇도 아닌 인간의 모든 감정이 촉발된 것의 산물이었다. 이 절실한 시공간을 오래도록 전승하면서 살아 있는 역사적 기억의 내면화로 각인시키기 위해서는 적절한 매체가 필요하다. 5월의 현장은 [수많은 유물과 사람들의 기억과 함께] 문자와 영상으로 남았다. 그리고 훌륭한 기억서사로서 시(문학)가 있다.

그를 묻고 돌아오는 길에 새 한 마리 오래 뒤따라 날아오르는 걸 보았다. 그때 이후 노양의 잠은 종다리를 꿈꾼다. 배동이

서는 보리밭에 누워 있곤 한다. 종다리는 하늘 끝까지 날아오르며 노래하다가 그녀의 품속으로 곤두박질쳐 떨어진다. 그런 꿈을 꾼 날은 정신없이 눈물 흘리며 금남로를 헤맨다.

 오월이십팔일 그녀는 조바심으로 입술이 타다가 혼자 길을 나서 도청 앞에 이르렀다. 도청에서 허드렛일 하는 아줌마들 틈에 끼어 정문을 통과했다. 건물 왼편 뜰에 누운 사람들 모두 살펴도 그녀의 애인 서호빈은 없었다. 안도감으로 무너지는 몸을 계단에 앉히니 일등병이 다가와 옆에 앉았다. 그러고는 데모하는 대학생 놈은 모조리 죽여야 한다고 지껄였다. 뒤뜰에 있는 여덟 놈은 모두 자기가 쏘았다고 뇌까렸다. 그녀는 소스라쳐 일어나 뒤뜰로 갔다. 첫째 시신을 보니 아니었다. 둘째 시신도 아니었다. 셋째 시신을 덮은 광목을 들치니 이마에 안경이 걸쳐진 그이였다. 눈을 부릅뜬 채 가슴이 구멍이 난 사내, 얼굴이 백지장 같은 틀림없는 그이였다.

 그때 이후 노양의 잠은 종다리를 꿈꾼다. 배동이 서는 보리밭에 누워 있곤 한다. 곤두박질쳐 내려온 종다리가 그녀의 가슴에 집을 짓는다. 그때 이후 그녀는 꿈과 현실 사이에서 비칠비칠 자꾸 다리를 헛디딘다.

― 최두석, 「서호빈」 전문, 『오월문학총서 1 시』, 5·18기념재단, 2012

5월 항쟁 때 전남대 학생이었던 서호빈의 이야기이다. 사랑하는 연인을 보낸 여인의 참담한 감정을 무슨 수로 달랠 것인가. 그 슬픔은 나의 경험처럼 고통스럽다. 이 고통은 서호빈의 이름과 함께 5월 감정의 한 페이지에 기록되어 문득문득 기억으로 회상될 것이다.

김충근 기자의 현장 구술과 더불어 최두석의 「서호빈」은 우리의 망각에 망치를 들이댄다. 현장 감정의 진솔한 이야기는 누구나 알고 있을 법한 어떤 사실을 담은 시(문학) 작품과 함께 격정을 부른다. 이 격정은 성찰 기억과 연동된다. "사람들이 오랫동안 그리고 강렬하게 특정 과거를 기억하는 섬광 기억은 사건이 발생할 당시의 감정을 수반"(정근식, 「한국의 근대화와 사회적 감성으로서의 슬픔에 관하여」, 『감성연구』 제5집, 전남대인문한국사업단. 이하 생략)하기 때문이다.

절실한 현장 감정을 통해서 5월의 이야기는 살아서 꿈틀대며 듣는 이로 하여금 세월의 간격을 넘어 같이 울게 할 것이다. 감정에 문장이 새겨진다. 이 문장들은 기억과 함께 생동하는 역사적 문장으로서 언제 어디서나 5월의 가치들을 되새기도록 추동할 것이다. 참담과 숭고를 감각하는 행동의 원천이 될 것이다. 다시 5월을 기억해야 한다면, 그 기억의 방법과 내용은 위와 같아야만 한다. 현실은 항상 망각의 야생에 놓여 있기 때문이다.

이 야생에서 역사화한(하였다고 믿고 있는) 5월은 여전히 소란스럽다. 5·18민주화운동 국가기념식에서 '임을 위한 행진곡'을 합창으로 할 것인가 제창으로 할 것인가도 한 예이다.[1]

국가의례로 문화화한 5월의 현재를 두고 '광주만의 것'으로 재고립시키고자 하는 모종의 음모론에서부터 소란에 편승한 정략적 노림수가 내재한 것으로 읽힌다. '광주만의 것'으로 절멸하고자 하는 재지역주의적 의도를 차치하면 후자의 혐의는 광주를 정치적으로 거점 삼아 5월의 민족공동체적 보편 정신을 자신만의 것으로 소비해 버린 특정 정치집단의 정치공학에서 기인되고 있음을 부인할 수 없다. 이것이 자발적(배타적) 지역주의의 장벽이며 5월 냉소주의의 씨앗이다. 한편, 합법적인 제도의 영역에서 5월의 참상이 다뤄지기 시작한 순간에 끔찍한 고통과 죽음의 헌신이 빚어낸 사건은 5월 당사자들을 향한 연민과 찬탄으로 집중되었다. '광주의 5월'을 대한민국 현대사의 분수령적 사건으로 자리매김하는 데 헌신한 5월 운동 희생자들은 이후 제도화한 5월 기념사업에서 배타시 되었다. 5월 기념사업의 당사자주의의 혐의이다. 이로 인해 광주의 내부에서도 5월은 자긍심과 환멸의 이중주로 변용되었다. 이와 동시에 '광주'에서 지리적 거리가 멀수록 광주는 남의 일(지역주의)이 되어 버렸다. 무관심하다. 기억은 뜨거움을 수반해야 현재의

---

1 2009년 이명박 정부 때부터 5·18기념식에서 '임을 위한 행진곡'을 부를 것인가 말 것인가, 제창할 것인가 합창할 것인가를 두고 당시 광주시와 5월 관련 단체, 민주당을 비롯한 정치 세력과 이명박 정부 및 박근혜 정부 사이에 극심한 대립이 전개되었다.
이명박 정부와 박근혜 정부는 '임을 위한 행진곡'을 빗대어 말도 안 되는 이유로 5·18을 흠집내고 갈등을 조장하고자 했다. 박근혜 대통령이 탄핵되고 2000년 총선에서 5·18에 대한 왜곡·폄훼를 일삼던 극우적 정치인들이 퇴출되면서 공적 영역에서의 5·18 폄훼가 수그러들었다. 이 과정에서 '5·18진상규명특별법의 제정'(2021년), '5·18허위사실유포처벌조항 신설'(2021년), '전두환 재판의 진행'(2017~2021년) 등도 작용하였을 것이다.

것이 되고 내면에서 감정적으로 울렁거릴 때 뜨거워진다. 외적 자극으로서 5월은 '광주'의 것일 뿐이다. '임을 위한 행진곡'의 소란 덕분에 노래는 유명해졌지만 이 또한 자신의 경험적 삶의 이력과 연관된 사람들의 것에 불과하다. 무슨 노래 하나 가지고 난리법석인가. 그것도 합창이나 제창이나 무슨 차이가 있다는 말인가. '광주만' 흥분했고 소동의 주체는 '소기의 목적'을 달성했다. 하나마나 한 싸움으로 열정만 소비하고 만 것이다. 기념식의 노래로 안 부르겠다는 것이 아니라 합창단이 부르게 하겠다는 것이다. 기념식에 참석한 '시민'이 같이 부르면 될 일이다. 이로써 열정은 수그러들고 대신해서 냉소가 자리한다. 광주만의 5월이라는 새 버전의 지역주의 프레임이 작동된다. 그리고 은연중에 종북주의자들의 5월이라는 서사가 멀어진 지리적·시간적 거리만큼 자리한다. 민족공동체적 정신가치를 재의미화하고 수호하는 몫은 오롯이 '5월 광주의 것'으로만 남게 된다. 지난 시절 이 틀을 깨기 위한 당대적 노력이 5월 기념사업의 전국화와 세계화였다. 전국화와 세계화의 구호로 치른 계몽적 노력이 무망한 것은 아니었겠지만 한 세대가 훌쩍 지난 작금의 '광주' 내부에서 여전히 재창되고 있다는 것은 시대착오적이다. 그리고 최소한 2020년까지 '그들'의 프레임에 다시 들어서고 말았다.

 5월의 문화적 서사를 위한 열망은 감각적이고 신체적일 때 생명을 얻는다. 국가적 의례로서 제도화하는 것은 5월의 가치가 보편화했다는 것과도 상통한다. 일단락된 당대의 몫이기도 하였다.

상황의 변화와 함께 5월의 서사는 재감각화해야 한다. 감각은 망각을 제어할 것이다. 감각은 문화적으로 신체화할 것이며 신체화한 기억은 새롭게 사회적 감정을 형성할 것이다. 사회적 사건으로서 역사화한 5월이 생동의 기억으로 되살려지는 것은 성찰을 전제로 한다. 그리고 성찰은 끊임없어야 한다. 세월호 사건이 우리에게 주는 교훈은 잊지 말라는 것이다. 5월의 망각은 냉소의 확산과 더불어 의도적 기피를 거쳐 가치의 말살로 이어질 것이다. 그러면 반복된다. 권력을 잡기 위해 국민을 학살해 본 기억이 그들을 유혹할 것이다. 이때 우리는 무엇을 어떻게 해야 할 것인가. 반복하자면 인간의 윤리적 행동을 결정 짓는 것은 이성적 판단이 아니라 공감 감정에서 비롯된다. 하나 마나 한 싸움은 공감을 단절하고 망각을 부채질한다.

'그들'의 프레임을 깨고 절대공동체의 신기루를 신체화하여 심미적 감각으로 되살리려는 노력이 소환된 5월 기억투쟁의 주요 전략이 되어야 할 것이다. 참혹한 현장은 고통의 상흔으로 다시 기억되도록 하고 환상처럼 왔다가 사라진 격정의 감동은 심미화하여 호기심과 매혹으로 다가가야 한다. 국가적 의례 역시 문화적 심급으로 접근되어야 할 것이다. 국가주의적 의례를 거부하고 보편적 정신가치로서 제도화한 의례를 통해 잊지 말아야 할 고통과 격정의 상징으로 담론화해야 할 5월 기억투쟁은 문화적 서사(예술)의 옷을 입어야 한다. 특정화하여 문화적 서사를 위한 기억 매체로서 '시(문학) 작품'에 주목하여 5월의 고통과 격정을 추동하려는 작은 이유이기도 하다.

2. 기억의 신체

5월이 보여 준 절대공동체를 신기루의 저장기억에서 기억의 신체로서 불러내려면 현장 감정에 주목할 필요가 있다. 의미심장한 현장의 유물들은 기억의 상상을 촉발한다. 촉발된 상상은 매체와 결합하면서 새로운 기억으로 탄생된다. 기억은 신체를 얻는 것이다. 개인의 기억은 곧 사회화된다. 사회적 기억은 이제 안정적으로 역사의 자장에 정주할 것이다. 매체를 통해 감각화하여 몸을 얻을 수 있는 것이 5월의 신기루라면 그 자신과 더불어 묻어 버린 것일 수도 있을 미래를 드러낼 때까지 우리는 끊임없이 대화해야 한다. 그리하여 같은 상황이 닥칠 때 인간의 존엄은 어떻게 발동되는가가 의미화하여 전승될 것이다. 감정의 의미화와 상징을 통해 공백으로 남은 경험 기억을 상상 기억으로 소환하고 '내적 경험화'에 의해 현장은 우리의 사실(최정운)로 불려올 것이다. 유물론적으로나 사회과학적으로 이미 정립된 개념으로는 더 이상 해석이 불가능한 (최정운, 김상봉) 사건을 거시적 흐름 속에서가 아니라 미시적 시공간 속에 구체적인 실체를 놓고 5월을 재구성해 보는 것은 기왕에 제시된 담론들의 성과를 포괄하면서 기억의 문화적 재현으로 전승의 현실성을 확보하고자 하는 데 있다. 시(문학)는 다양한 감정의 이미지를 통해서 절대공동체의 몸체를 어루만지며 감각화할 것이다.

인공 때도 이러지 않았어

광주은행 사거리를 막 돌아설 때 뒤에서 갑자기 군인들이 쫓아왔다. 너무나 순간적인 일이라 경황이 없어 길옆의 주차장으로 몸을 숨겼다. 차 뒤쪽 컴컴한 곳에 웅크리고 있자니 군인들이 달려들어 무작정 끌어냈다. 열대여섯 살 정도의 어린아이와 건장한 청년 둘이 함께 끌려나가 몽둥이로 작신작신 얻어터졌다. 두들겨 패면서 옷을 벗겨 팬티만 걸치게 하였다. 어린아이는 길가에 쓰러져 움직이질 않았다.

— 『광주5월민중항쟁사료전집』(풀빛, 1990)의 구술 중에서

18일과 19일, 광주는 경악과 참담한 현장이었다. 밝은 대낮, 도시의 중심거리에서, 대한민국 국군이, 학생들과 젊은 여성들과 어린이들까지, 몽둥이와 군홧발로 짓이기고, 따지는 어른들마저 개머리판을 휘둘러 짓밟고, 피투성이로 만들었다. 금남로의 시공간은 어떻게 재의미화하는가. 광주의 참혹은 이미지 그대로 찢겨진 몸 그 자체였다.

밤 12시

도시는 벌집처럼 쑤셔 놓은 붉은 심장이었다

밤 12시

거리는 용암처럼 흐르는 피의 강이었다

밤 12시

바람은 살해된 처녀의 피 묻은 머리카락을 날리고

밤 12시

밤은 총알처럼 튀어나온 아이의 눈동자를 파먹고

밤 12시

학살자들은 끊임없이 어디론가 시체의 산을 옮기고 있었다

— 김남주, 「학살」 부분, 『오월문학총서 1 시』, 5·18기념재단, 2012

    슬픔은, 한국인들에게 사회적 감정으로 내면화된 특별한 감정이다. 그것은 전통적 감정으로서 한으로 표현된다. 그래서 슬픔은 격정적으로 표현되는 통곡이나 탄식을 동반하는 비탄, 그리고 밖으로 표현되는 것이 최대한 억제되는 침묵의 슬픔(정근식)으로 나타나기도 한다. 사회적 감정으로서 슬픔은 그 해소할 출구를 찾지 못할 때 집단적 트라우마로 자리하게 된다. 집단적 트라우마가 집적, 축적되어 해소되지 못하면 그 사회는 광기가 폭주한다. 증오가 지배하며 자학이 스스로를 파괴할 것이다. 해소의 길을 찾더라도 집단적 슬픔은 한이 된다. 상처는 완전히 사라지는 것이 아니라 내면 깊숙이 남을 것이고 참담한 기억은 반복적으로 떠오를 것이다. 이 반복적 기억이 망각을 묵살하고 특정한 여건이 되면 되살아나 참

혹을 응시하도록 해야 한다. 그러기 위해서 참담함은 끔찍한 것의 이미지로 집요하게 재탄생할 필요가 있다.

노란 장미여
나는 이제 단 한 줄의 시도 쓸 수가 없다

도려낸 유방의 그 낭자한 핏구덩을 빨아대며 울부짖는
사내들 앞에서

피에 젖은 쓰레기통, 불에 그을린 시체더미 속에서

얼굴마저 없어진 어린것들의 흩어진 뼛조각을 찾아 헤매는
애처로운 어미들 앞에서

도대체 우리는 무슨 말을 할 수 있는가

써야 될 무슨 진실이 남아 있단 말인가

— 이영진, 「단 한 줄의 시도 쓸 수가 없다」 부분,
『오월문학총서 1 시』, 5·18기념재단, 2012

1980년 5월의 광주는 비탄에 빠져들지 않았다. 이것이 말하자면 절대공동체 광주의 면모인 것인데 죽음을 목전에 둔 생명은 회피하거나 포기할 따름일 터, 광주는 그 순간 인간으로서 존재 윤리를

직감적으로 느끼고 행동하였다. 분노는 슬픔의 격정적 표현이다. '도대체 왜'라는 물음은 찰나처럼 집단적 저항의 행동으로 나아갔다. 이것은 눈앞에서 벌어지고 있는 '너'의 참상에 대한 반사적이고 즉각적인 호모사피엔스로서 공감 감정(제레미 리프킨, 『공감의 시대』, 민음사, 2010.)의 표현에 다름 아니었던 것이다. 참혹한 현장은 경악과 비탄을 집단 감정화하며 새로운 상황을 촉발하였다.

총을 들어야 해

어느 순간 나는 쫓아오는 공수부대원에게 붙잡히고 말았다. 잡힌 즉시 머리, 어깨, 몸통, 다리 할 것 없이 온몸에 진압봉과 군홧발이 쏟아졌다. 이빨 하나가 부러져 나가고 머리가 터지고 피가 흘렀다. 그러다가 잔뜩 짓밟혀 한풀 꺾인 우리를 놔두고 공수부대원이 시위대를 잡으러 달려갔다. 잡혀서 맞는 사람, 쫓기는 사람, 쫓아가는 공수부대원들이 뒤섞여 주위가 아수라장이었다. 그 틈을 타서 나는 죽을 힘을 다해 도망쳤다. 죽을 고비를 넘겼다는 안도감이 들면서 공수대들에 대한 분노가 치밀어 올랐다. 큰길에서는 아직도 많은 시민들이 죄 없이 두들겨 맞고 끌려가고 있었다. 도저히 참을 수가 없었다. 할 수만 있다면 공수부대 놈들을 모조리 잡아다가 죽이고 싶은 심정이었다.

－『광주5월민중항쟁사료전집』(풀빛, 1990) 중에서

대한민국 국군의 반인륜적이고 비인간적인 폭력 만행은 야만 그 자체였다. 현장 사람들은 분노한다. 비탄은 분노의 감정으로 승화되었다. 물론 두려움과 공포가 왜 없겠는가.

공감 감정은 순식간에 집단화하고 집단화한 분노는 두려움과 망설임을 차단해 주었고 대담한 용기를 불러일으켰다. 부당하고 불의하다고 판단될 때 사람은 분노하고, 분노는 표현되어야 한다. 분노의 감정은 수치심과 연계된다. 수치심이 인간을 도덕의 광장으로 이끈다. 이 도덕의 광장에 선 인간은 윤리의식을 갖게 되고 광장에 선 윤리가 인간 공동체를 지탱하는 것이다. 분노가 차단되면 자아는 파괴된다. 광주는 분노하였고 집단화한 분노의 감정은 시민을 대담하게 이끌었다. 공수부대의 압도적인 물리력에 시민들은 온몸으로 저항하였다. 대규모 차량 시위가 분노의 감정을 대변했다. 수십만 명의 시민들이 금남로와 도청 앞 분수대 광장으로 몰려나왔다. 그리고 집단 발포에 맞서 무장하였다. 분노는 걷잡을 수 없었다. 그리고 이 분노는 지극히 정당한 방식으로 전개되었다. 태극기와 애국가가 분노 표현의 정당성을 대표했다. 주먹밥과 헌혈은 절대공동체의 규범을 상징했다. 당시의 현장 감정을 어떻게 되살릴 것인가. 시가 갖는 간결한 서사는 참으로 감각적이다.

    간단하다
    대답은 아주 간단하다

피의 값은 외상이 없다!

너희들의 눈이 눈이고
너희들의 머리가 머리일 때
우리들의 눈은 눈까리였고
우리들의 머리는 대가리였다
그리하여 너희들이 사람일 때
우리는 짐승이었다
짐승처럼 쫓기다 쫓기다 돌아보니 살기 흐르는 충혈된 눈빛
핏자국, 피 냄새를 따라 쿵쿵거리며 달려오는 무리들.
바로 너희들이 짐승이었다

우리는 왜 총을 들 수밖에 없었는가
간단하다 대답은 아주 간단하다

피의 값은 외상이 없다!

― 이원규, 「우리는 왜 총을 들 수밖에 없었는가」 전문.
『오월문학총서 1 시』, 5·18기념재단, 2012

    집단적 분노는 총을 들어 맞서게 하였지만 애시당초 가공할 대한민국 최정예부대의 물리력을 당해 낼 수는 없다. 그러나 이 연약한 물리력이 마침내 "대한민국이라는 국가가 원래 가지고 있던 관

념, 몸에 밴 폭력성을, 폭력으로 국민들에게 뭔가를 강요할 수 있다는 생각 자체를 불가능하게 만들어"(최정운) 버린 것이다. 그것이 바로 절대공동체의 힘이었다. 지고지순한 인류의 모든 이상을 대표하는 개념으로서 '사랑'의 힘이었다. 5월 18일 이후 21일 집단발포가 일어나는 시점까지 광주시민들을 움직이게 한 힘의 원천이 사랑의 감정이었던 것이다. 사랑은 인간의 존엄성의 발로이자 구체적인 결정체이다. 『소년이 온다』를 쓴 소설가 한강은 '5월'을 이야기하면서 상상 기억의 신체화된 모습을 이렇게 말한다.

"인간의 참혹과 존엄 사이에서 흔들리면서 이 소설을 썼던 것 같아요. 날마다 한 번 이상, 소설을 쓸 때 뿐 아니라 길을 가다가, 지하철에서, 버스에서 저도 모르게 울었어요. 자신에 대한 연민 같은 건 들어 있지 않은, 자신의 문제가 전혀 관여되지 않은 울음이었어요. …… 왜 그렇게 제가 울었던 것인지 이즈음 생각하게 되는 데 그걸 사랑이 아닌 다른 말로 설명하는 건 불가능할 것 같아요."(김연수와 대담, 『창작과비평』 2014년 겨울호)

사랑은 몸소 느껴 봐야 아는 것이다. 극한적이고 상상할 수 없는 공포를 넘어 집단적이고 절대적으로 '광장'에 나서게 한 힘. 그것은 사람을 발끝에서부터 머리끝까지 변화 시켜 버리는 힘이며 사랑의 감정이었다. 이 힘이 바로 분노와 함께 집단화하면서 일순간 그 누구도 본 적도 없고 상상해 보지도 않았던 절대공동체의 현장을 만들어 버렸다. 그래서 시인은 이렇게 쓴다. 그리고 시는 매혹적으로 그날과 그 장소를 상상하게 한다.

금남로는 사랑이었다

내가 노래와 평화에

눈을 뜬 봄날의 언덕이었다

사람들이 세월에 머리를 적시는 거리

내가 사람이라는 사실을

처음으로 처음으로 알아낸 거리

금남로는 연초록 강언덕이었다

달맞이 꽃을 흔들며 날으는 물새들

금남로의 사람들은 모두 입술이 젖어 있었다

금남로의 사람들은 모두 발바닥에 흙이 묻어 있었다

금남로의 사람들은 모두 보리피리를 불고 있었다

어린애와 나란히 출렁이는 금남로

어머니와 나란히 밭으로 가는 금남로

아버지와 나란히 쟁기질하는 금남로

할머니와 나란히 손자들을 등에 업는 금남로

할아버지와 나란히 밤나무를 심는 금남로

누이와 나란히 감꽃을 줍는 금남로

금남로는 민들레와 나비 떼들의 고향이었다

그리움의 억세디 억센 끈질김이었다

그래, 좋다! 금남로는 멀리

청산으로 가는 길이었다 그래, 좋다!

금남로는 가까이 마을로 찾아가는 길

금남로는 어머니의 젖가슴이었다

우리가 한때 고개를 파묻고 울던

어머니의 하이얀 가슴이었다.

— 김준태, 「금남로 사랑」 전문, 『오월문학총서 1 시』, 5·18기념재단, 2012

원로의 탄생

분노의 대담한 표현은 일시적이지만 경이로운 결과를 가져다주었다. 사랑의 현현은 스스로를 환희에 들뜨게 하였다. 참혹과 만행에 두려워하면서 자신과 가족을 지키는 데 발만 동동 구르고 있던 시민들은 도청으로 몰려나왔다. 저항을 발동하게 하고 저항의 정당성을 입증해 줄 밥과 피의 공동체의 모습이 등장한다. 총을 든 청년 시민군만이 아니라 어린아이와 나이 먹은 어른들까지, 학생과 갱생원의 유랑민은 물론 유흥업소의 여성들까지도 저항의 주체였다. 5월의 숭고한 정신적 가치를 의미할 때 대동정신을 앞세우는 까닭이 여기에 있다. 각각의 조건과 환경에 따라 자신이 할 수 있는 방법을 찾아서 자발적으로 항쟁의 현장에 참여하고 소임을 다한다. 5월은 피해 당사자만의 것이 아니라는 엄숙한 정언의 근거이고, 1980년 5월 광주가 보여 준 경이로운 공동체적 도덕성의 구체적인 모습이다. 인류사적으로 충분히 있음직한 약탈과 무리 폭력은 찾아볼 수가 없었다. '광주'를 배제하고 지우고 싶은 집단들이 도무지 어떻게 해 볼 수 없는 인간 본연의 정신적 가치가 이것이다. 역할이 끝난 절대공동체의 일부 주역들이 벌이는 추문이 냉소를 불러일으키지만 '광주'였음을 스스로 자긍하도록 여긴 사건적 실체이기도 할 것이다. 그리고 동시에 5월 광주 이후 살아남은 사람들에게 무한한 부끄러움과 존재적 수치심·양심에 빚을 얹은 일들이 벌어진다.

두려움은 상존했다. 그 두려움을 어떻게 다루느냐가 각각의 10일간을 위치 지운다. 두려움을 물리친 분노는 인간의 존엄이 어디에서 근거하는지를 보여 주었다. 절대공동체의 서막과 동시에 '신기루'(최정운)같이 복잡하면서도 단순한 인간 존엄의 표현으로서 사랑의 힘을 드러냈다. 그러나 절대공동체의 신체는 계속 작동되는 것이어서 사랑이 어딘가에서 멈출 것임을 안다. 공포는 벗어나거나 해결되어야 한다. 해방이면서 동시에 고립된 광주가 살아남을 길은 없다. 방법은 두 가지. 전국적으로 들고 일어나 피의 저항이 옳았음을 전 국민이 확증하는 것과 동맹국 미국이 좋은 중재자의 역할을 해 주는 것. 두 가지 기대는 모두 무망한 것이 되고 상황은 자발적으로 끝내지 않을 수가 없이 밀려갔다. 이때 26일의 새벽은 마지막 날의 전야와도 같이 다가섰다.

5월의 숭고는 우러러볼 만한 광경에서 발동하지 않는다. 곳곳이 난장이고 소란의 현장이었지만 각각은 최대한의 도덕적 헌신을 수행했다. 그리고 주어진 고난을 스스럼없이 받아들였다. 공포가 없을 수 없지만 그래서 숭고하다. 계엄군의 재진입이 알려진 26일 새벽, 시민학생수습대책위원회를 통해 참상의 최소화를 위해 분투

하던 광주의 '원로'와 '고귀한 분'들이 죽음을 각오하고 행진에 나
선다. 이름하여 '죽음의 행진'이다.

> 우리 어른들이 방패가 됩시다. 지금 상태로는 전차 앞에 나
> 서도 죽을 것이요, 여기 있어도 죽을 것입니다. 그러니 모두 다
> 나갑시다. 만약 그들과 대화를 할 수 있다면 우선 항의합시다.
> 왜 약속을 배반했는가, 해명하고 사죄하라고 합시다. 그러고
> 나서 4가지 제안사항을 결의하였다. 1시간 이내에 군은 본래의
> 위치에 철퇴하라. 그렇지 않으면 전 시민의 무장화를 호소하고
> 게릴라전으로 싸웁시다. 최후의 순간이 오면 TNT를 폭발시켜
> 전원 자폭합시다.
>
> — 시민학생수습대책위원회의 한 신부의 증언

> 돌고개에서부터 농촌진흥원까지 탱크 자국이 있었다. 우리
> 가 행진을 한다고 하니까 뒤로 물러났던 것 같다. 진흥원 앞쪽
> 에 철망을 쳐놓고 거리를 완전 차단하고 있었다. 철망 안쪽에
> 서 소령이 와서 무슨 일이냐고 물어서 강제 진입을 하려고 하니
> 까 우리가 온 것이다. 너희 사령관을 만나서 따져야겠다고 했
> 다. 그러니까 더 이상 못 갑니다, 안 돌아가시면 발포합니다,
> 라고 하니 그러면 쏘아라 하고 우리는 길 위에 주저앉았다.
>
> — 시민학생수습대책위원회 한 교사의 증언

원로가 어떻게 탄생하는지, 그리고 원로는 어떤 사람들을 일컫는지를 실체적으로 알게 한 사건이 이 죽음의 행진이다. 자긍심은 여기에서 비롯되는 것이다. 10일간의 광주시민들은 서로를 충분히 목격하였다. '어른'들의 헌신과 희생을 눈앞에서 지켜보았다. 극단의 기억은 오래남는다. 5월 광주의 자긍심은 여기에서 비롯하는 것이다. 이 장면을 우리는 어떻게 전승해야 할까.

전라도의 오월 하늘입니다
마약처럼 우울합니다
어디선가 아스라이
울음소리 떼 지어 들려옵니다
한 사람의 눈물이 칼에 찔리고
두 사람의 눈물이 구둣발에 뭉개지고
열 사람, 백 사람의 눈물이
박살난 채 내던져지는
이것은 꿈입니다
벙어리들이 울고 있습니다
멍든 심장에 쇳덩이를 무겁게 매달고
수천 수만의 벙어리들이 모여
한 덩어리로 울고 있습니다
벗기어진 알몸인 채
두 손이 묶여 있습니다

......
까마득한 하늘에서는 알 수 없는 삐라가
칼춤 추며 까물까물 내려오는데
쇠사슬에 묶인 칼레의 시민들은
오늘 다시 이 땅에 청동의 발걸음을 내어딛는데

— 강인한, 「이것은 꿈입니다 – 칼레의 시민들」 부분,
『오월문학총서 1 시』, 5·18기념재단, 2012

   시인 강인한은 100년 전쟁 당시 영국군에게 고립당해서 옥쇄를 각오한 프랑스 작은 도시 칼레의 시민들을 연상하였다. 강인한에게 광주시민은 모두가 점령군의 제물로 자신을 바칠 것을 각오한 칼레시의 지도자 6인인 셈이다. 역사의 그곳에서 노블리스 오블리제가 탄생한 것이라고 부연해 본다면 이 죽음의 행진을 감행한 '고귀한 분들'의 행동에서 광주의 원로가 탄생한 것이다. 신부와 목사, 변호사와 교수, 교사와 시민단체의 지도자들은 자신을 헌납하고자 하였다. 상황은 비극적으로 끝날 수밖에 없지만 비극은 최소화되어야 했다. 분노의 정당한 표현으로써 저항과 희생의 진정한 의미를 지켜야 했다. 공동체를 지키는 사람이 누구이며 공동체를 구성하는 제도로서 국가란 누구의 것인지를 옹호하는 것. 애국심은 민족적 자존감을 동기화할 때 진정한 힘이 된다. 10일간 광주의 곳곳은 애국가가 목청껏 불렸으며 태극기가 주요 현장의 표식이었다. 죽음의 행진은 광주의 10일이 의미하는 것이 무엇인가를, 애국가와 태극기의 존재가 무엇인지를 함축한다.

그리고 27일의 새벽을 맞는 것이다. 끝이 날 수밖에 없는 사랑과 만남의 절대공동체를 스스로 끝장내는 것, 그것은 피의 제단을 고스란히 남겨서 기억의 전승을 통해 역사화하는 길이었다. 도청과 금남로의 마지막 밤은 그렇게 왔다. 마지막 밤과 더불어 항쟁의 시작과 그 끝을 총체적으로 이해하고 예감하고 있었던 한 사람, 윤상원을 시인 고은은 다음과 같이 노래한다.

……

놀라운 것은
윤상원의 총은
단 한 발도 쏜 적 없이
총탄 장전 그대로
방아쇠 당긴 적 없이
오는 죽음을 그대로 맞아들였다

윤상원의 총은 총이 아니라
5월의 상징
5월 광주의 의미 그것
그것은 끝까지 쏴 버리지 않은 아름다움이었다
바다 파도였다

― 고은, 「바다 파도」 부분

5월의 숭고는 시민들의 평범한 헌신과 함께 자신이 목격한 절대 공동체의 미래를 위해 자신을 희생의 제단에 기꺼이 내던진 사람에게서 우러났다. 그리고 그것은 불가사의하면서도 숭고한 자연의 노래로 환생하였다. 미완성 역사의 꿈이라면 끊임없이 깨지고 또 깨지더라도 누군가는 부딪치고 또 부딪쳐야만 하는 것이며 그것은 바다 파도처럼 끊임없으면서도 아름다운 파도로 현현할 것이다. 5월의 아름다움은 무엇일까. 왜 윤상원은 총을 쏘지 않았을까. 오는 죽음을 왜 그대로 맞이하였나. 이 모든 의문은 미래의 5월을 위한 기억의 심미화일 것이다.

3. 2세대 5월 기억 투쟁을 위한 매체로서 시

  5월의 정신과 가치를 당시 현장 감정을 중심으로 재의미화한다는 것은 생동하는 기억을 위한 것이다. 죽은 과거가 아니라 미래를 불러내는 상징의 주술을 통해 초혼하는 것이다.
  기억한다는 것은 망각을 자각한다는 것이고 사회적 참화일수록 기억과 망각을 항상화하는 것이 중요하다. 지배자에게는 도덕적 기준과 규범으로 강제되도록 헌장화해야 한다. 국가적 의례로 기억의 제단을 의무화하면서 한사코 기억을 의무화해야 한다. 국민의 의무는 국가적 의례와 함께 참화의 상황을 예감하면서 일상 속에서 스스로의 윤리적 자각을 환기하는 일이 그 의무일 것이다. 이 때 매체는 중요하다. 몸과 감성, 그리고 감각에 각인되어 신체화된 기억으로 현장 감정이 전승되도록 해야 한다. 현장 감정의 원초적 순수성(최정운)이 기억의 몸체를 얻도록 해야 하는데, 이 경험은 쉽사리 반박되지 않을 것이다. 더욱 안정적인 공감 감정의 제도화(시스템)가 필요하며 기억 전승의 상시적 학습을 위한 시스템이 갖춰져야 할 것이다.

역사로서 5월은 진상규명의 시대를 지나 정신적 가치의 보편화를 거쳐서 지금은 새로운 세대와 더불어 한 고비를 넘고 있다. 지나온 세월 동안 획득한 5월의 원형에 대한 의미화와 상징을 바탕으로 미래를 위한 '절대공동체'의 상상을 더욱 적극적으로 채워 나가는 것이 절실하다. 여전히 절대공동체의 가치를 '광주만'의 것으로 괄호 치려는 세력이 존재하고 낡은 5월의 몸체로 자신의 정치적(존재적) 이해를 획책하는 망각의 세대가 공존하고 있기 때문이다.

민족공동체가 지녀야 할 애국심과 민주주의 원형으로서 5월, 국가 폭력에 의존한 지배 엘리트의 권력 이데올로기 틀을 깨 버린 인간 존엄의 얼굴로서 민중의 등장, 그리고 사랑과 숭고와 공감 감정이 어떻게 구체적 행동으로 나타나는가를 보여 준 절대공동체를 재소환하는 것은 2세대 5월 기억 투쟁의 숙명이다. 문화화한 기억이야말로 추상적인 5월의 의미를 감각적으로 체화시키는 데 중요한 기제일 것이다. 5월에 대한 호기심과 함께 불가사의한 감정의 흔들림을 느끼도록 하는 시(문학)는 격정과 동행할 것이다. 격정은

5월의 추상적 가치를 포괄하는 가장 최선의 초혼이자 전승의 주술 감정이다. 고통과 격정의 기억과 함께 상징화의 의미를 획득한 5월의 기억만이 이 숙명을 대중과 일상적으로 통섭할 수 있는 길을 열어 갈 것이다. 그러므로 시여 끊임없이 5월을 노래할지어다.

오월 기억투쟁, 슬픔의 힘

1. 기억과 역사

"모두에게 속해 있으나 아무에게도 속하지 않은"

상실은 슬픔을 부른다. 몸을 슬픔에 잠기게 한다. 어떠어떠한 가치를 잃어버린 것도 상실이기에 도덕이나 윤리를 잃어버리는 것도 슬픔을 불러일으킨다. 도덕이나 윤리가 사라진 사회에서 정의를 부르짖는다는 것은 우스운 일이 된다. 부도덕하고 비윤리적인 공동체에서 그것은 스스로 바보임을 자처하는 것과 다를 바 없다. 사람들의 슬픔은 깊어졌을 것이고 이중 삼중으로 중첩되어 어언간에 사람들의 심리를 장악하면서 한이 되었을 것이다. 이런 사회에서는 살아남는 것 자체가 존엄한 게 된다. 대한민국의 시공간은 끈질기게 살아남은 사람들이 이룬 현대사의 숱한 장면을 웅변하고 있다. 반면 살아남는다는 것은 그 자체로 무한한 무기력의 학습을 반복했다는 것과 상통한다. 아우슈비츠 생존 이후의 기록자 프리모 레비의 어법을 따르자면 "오히려 최악의 사람들, 이기주의자들, 폭력자들, 무감각한 자들, 회색지대 협력자들, 스파이들이 살아남았다. …… 최악의 사람들, 즉 적자들이 생존했다. 최고의 사람들은 죽었다."(프리모 레비, 『가라앉은 자와 구조된 자』) 그악한 인간 생물공동체에서 살아남은 것은 적자인 셈이다. 그리고 이런 적자본능이 문화적으로 무기력을 체질화했을 것이다. 이런 무기력이 친일 청산에 관대하고 학살 만행을 적당하게 버무리는 정서를 길러 왔는지도 모르겠다.

 누구나 다 알고 있고 명명백백하지만 누구도 얘기를 꺼내지 않으려는 것 중의 하나가 시인 서정주의 일이다. 그는 끝끝내 자신의 친일 행각에 대해서 반성하지 않았다. 민족공동체가 지녀야 할 가치를 말살한 죄업을 스스로 묵살하였다. 서정주는 해방 이후 전개되는 한국 현대사 속에서 생명을 부지하고 명예를 누리며 사는 방법을 감각적으로 체득하였을 것이다. 이승만을 거쳤고 6·25전쟁에서 살아남았으며 박정희를 겪었다. 그리고 그는 마침내 전두환을 찬양한다. '우리'는 그를 기억하면서 깊은 상실의 슬픔을 느낀다. 또 다른 '우리'는 망각을 통해 그의 언어 재능을 숭배한다. 반성하지 않고 사과하지 않음으로써 그는 "모두에게 속해 있으나 아무에게도 속하지 않은 역사"(피에르 노라 ; 알라이다 아스만의 『기억의 공간』에서 재인용)의 장에 저장되기를 거부한 셈이 된다. 역설적이다. 수치심은 분노를 유발한다. 연민은 슬픔에로 향한다. 이 슬픔은 '나'라는 존재를 '관계'의 영역으로 인도한다. '나'에게 민족은 무엇인가. '나'에게 삶은 어떠해야 하는가. 그가 찬양한 전두환은 역경을 건너면서 체득한 생의 진실을 보란 듯이 증명하고 있으니 1980년 5월, 광주 현장에서 벌어진 일들에 대한 자신의 무고함을 강변하고 있는 일이 그러하다. 서정주와 달리 전두환은 법정에서 징벌을 받았다. 그러나 똑같이 반성하지 않았을 뿐만 아니라 사죄하지도 않았다. 용서를 구하지도 않았는데 사면되었다. 법은 공동체를 대신하여 합법적으로 복수를 끝내 버렸다. "법은 주권자들(바로 우리들이다)이 위임한 복수에 실패했다."(김형중, 「총과 노래 : 최근 오월 소설에 대한 단상들1」 중에서, 『문학들』 2015년 가을호) 그리고 과녁을 잃은 화해는 무기력의 문화화에 기여했다. 그러나 역사를 학습한 후세대들은 어떤 식으로든지 복수에 가담하고 싶어 한다. 왜 그런가. 세대는 교체되고 앞선 물결은 퇴장하기 마련이다. 신록은 지난 계절의 화려함과 더불어 낡고 병든 가지를 기억한다. 기억은 생동하는 것이다. 지구라는 행성에서 가장 탁월한 생물로 진화한 인류가 지닌 특장이 기억일 것이며 그것의 이름이 역사이다. 역사는 다양한 방식으로 재등장한다. 다양한 방식을 추동하는 것이 기억이다. 망각이 자행한 사태의 단면을 기억은 사태의 전면화로 응답한다. 그들이 반성하지 않고 사죄하지 않음으로써 역사는 특별하게 그들을 호명하며 기억 공동체에게 성찰적 질문을 던진다. 이 성찰적 질문에 응답하는 것이 역사를 나의 기억으로 감각하는 일이다. 내면의 감각은 감정을 수반하면서 그 1차적 감정, 즉 오월의 역사를 자기화하는 감정을 끌어낸다. 더군다나 '그'는 아직 당대에 머물러 있지 않은가.

종종 대중 앞에 등장하는 그의 모습에서 노쇠함을 발견하게 될 때, 게다가 그 아무런 정신적 물질적 충격도 받지 않은 듯 태연자약한 표정을 보건대 이대로라면 그가 그 어떤 반성도 없이 자연사하게 될 것임이 자명하다 싶어질 때, 복수심은 증가한다. 복수가 이뤄지지 않았다는 사실, 그리고 영영 이루어지지 않게 될 것이란 사실이 명백하게 환기되기 때문이다.

— 김형중, 앞의 글

그러나 어떻게 복수할 것인가. 공동체가 위임한 법은 '그'를 놓아주었지만 위법한 복수는 '우리'를 놓아두지 않을 것이다. 그러므로 우리는 오래도록 끈질기게 기억과 역사에서 '그'의 호적을 공개하고 수시 때때로 호명하고 공동체의 도덕과 윤리로 단죄하는 방법을 택할 필요가 있다. 이 단죄는 공동체가 입은 참상을 회상하고 초혼하는 것에서부터 시작될 것이다. 그리고 감정의 유로는 슬픔을 격동한다. 경악의 현장과 참담한 시공간이 분노와 더불어 처연한 슬픔으로 환생한다. 이 슬픔은 어떤 계시로 이어질 것이다.

김상봉은 함석헌의 글을 인용하면서 "눈에 눈물이 어리면 그 눈물의 렌즈를 통해 하늘나라가 보이"며 "눈물과 슬픔은 언제나 진리로 통하는 문"(5·18민주화운동기록관 주최 시민토론회 〈광주정신의 미래를 말한다〉 발표문)이라고 말한다. 그리고 "슬픔은 오직 스스로에게 돌아올 때, 곧 자기반성적일 때 진리로 통하는 문"이 된다고 덧붙인다. 자기반성을 수반하지 않으면 사건은 일규에 지나지 않는다. 고통과 상처의 기억은 타인에 대한 분노와 원한 감정으로만 남을 것이기 때문이다. 그러므로 그들이 반성하지 않는 것을 굳이 타박할 필요는 없다.

지속적인 내상으로 인해 슬픔과 한의 정서가 지배적인 민주공화국의 국민들은 부지불식간에 솟구치는 연민으로 간혹 역사의 진보를 망쳐 왔다. 참회하지 않아서 죽음의 언저리를 배회하는 그들의 영혼을 직시하며 참상의 진실을 바로잡도록 하는 일을 두고두고 후세대들의 과업으로 남기는 것이 섣부른 용서와 화해보다 오히려 역사적이라 할 것이다. 한편, 커진 몸집을 감당하지 못해서 좌충우돌 곳곳에 심각한 폐허를 양산하고 있는 대한민국 시민들의 뒤처진 교양을 현실적으로 양해하는 방편이기도 할 것이다.

단죄는 예기치 않은 방향에서 역설적으로 온다. 감각화한 기억이 복수의 칼날을 벼릴 것이며 그 칼날을 매개로 사죄가 없는 자들의 연보와 영혼을 특별한 시간과 방법으로 끊임없이 호출할 것이다. 그것이 역사의 이름이다. 몸으로 기록한 기억의 역사는 격정으로 내면에서 꿈틀거린다. 복수란 그렇게 이뤄질 것이 아닌가. 그리고 반성이 없는 과거와 그 역사는 이렇게 한 편의 시에 담긴 표현과 함께 우리들의 기억 감정을 자극할 것이다.

나에게는

광주의 사기(史記), 책 한 권이 있습니다

1980년 5월 광주항쟁 이후

1990년에 간행된 책,

아, 『광주5월민중항쟁사료전집』 말입니다

나는 그 첫 장에

한 줄의 별행으로 씌어진

리영희 선생의 등대지기 같은 글

"피로 씌어진 역사를 잉크로 쓴 역사로 가릴 수 없다"를 되뇌이며

광주항쟁으로 희생된 영령들

그 영웅들의 혼이 담긴 책,

이 한 권의 책 앞에서

해마다 5월마다 고개 숙입니다

흑!

흑!

— 서정춘, 「울면서」 전문, 『오월문학총서 1 시』, 5·18기념재단, 2012

2. 기억 장소의 아우라

"다리와 팔은 잠들어 있는 기억으로 가득하다"

갑자기 발포가 시작되었다. 깜짝 놀란 나는 뒤로 몸을 돌려 도망치기 시작했다. 총을 쏠 것이라고는 생각지도 않았기 때문에 사람들은 순간적으로 그 총성이 공포인 줄 알았다. 그래도 총소리가 나니까 사람들은 순식간에 흩어졌다. 군인들은 도청에서 계속 총을 쏘아대고 있었다. 나는 총소리를 듣고 무조건 금남로를 보고 뛰었다. 그런데 막 수협 앞에 가니 뭔가 둔탁한 것이 내 어깨를 강하게 후려쳤다. 나는 그 순간 내 뒤에 오는 시민 한 사람이 빨리 도망가라고 나를 몽둥이로 후려치는 줄 알았다. 순간적으로 그 충격 때문에 넘어졌던 나는 내가 총에 맞았다는 생각은 못하고 벌떡 일어나 앞만 보고 달렸다. 내가 넘어짐과 동시에 내 앞에 달려가던 사람도 푹 고꾸라지더니 다시 일어날 줄 몰랐다.

― 이수범의 구술 중에서, 『광주5월민중항쟁사료전집』(풀빛, 1990)

한국현대사사료연구소가 1990년에 펴낸 『광주5월민중항쟁사료전집』은 1980년 오월 현장 기록 중에서 단연코 압도적이다. 10여 년의 시간이 흐른 뒤의 당사자들 구술은 자서전이 지니고 있는 약점과 마찬가지로 자기 행위에 대한 과장, 축소, 은폐 등의 약점이 따르지만 증언은 구체적이다. 500명을 대상으로 2만 5천 매에 이르는 방대한 구술은 주요사건 현장의 교차 증언을 포함하고 있다. 그래서 더욱 생생하다. 1980년 오월 기억의 신체는 이로써 생동해졌다. 한편 당시의 간행사도 더불어서 공감된다.

> 항쟁 이후 10년간 전개되어 온 우리의 정치 현실은 광주민중항쟁의 위대한 정신에 대한 끊임없는 배신이었다. …… 그러나 정치가 아무리 민중항쟁정신을 배신한다 하더라도, 항쟁정신 자체의 빛이 바래지는 것은 아니며 훼손되는 것도 아니다.

시간은 흐르고 공간은 변화한다. 2016년의 오월 공간은 그 흔적을 찾기가 쉽지 않을 정도로 바뀌었다. 가해자의 범죄를 공공연하게 처벌하는 것이 과거 청산이라면 참상과 숭고를 기억하는 것은 과거 보존에 근거한다. 장소는 과거 보존의 몸이다. 그런데 인간의 신체가 세월이 흐르면 노쇠해지는 것과 마찬가지로 기억 장소 역시 변화는 필연적이다. 5월 27일, 박용준이 끝까지 지켰던 광주 YWCA는 철거되고 사라졌다. 옛 전남도청을 중심으로 분수대를 축으로 해서 금남로와 충장로, 동명동과 황금동을 잇던 도로는 너무도 많이 변해 버려서 옛 흔적을 찾는다는 것은 불가능하다. 가까스로 옛 도청 본관과 별관 일부, 민원실, 경찰청 본관과 민원실, 상무관 등은 보존되었지만 그 일대는 문화전당이라는 이름으로 재구성되었다. 기억 장소로서 원형은 상실한 셈이다. 변화를 어떻게 견디고 수용할 것인가가 기억 장소의 생명력과 직결된다면 이제 어떻게 과거를 보존할 것인가. 기념물과 박물관의 모습으로 세대를 이어 계승되는 것이 기억 장소가 갖는 숙명인데 이때 당시의 경험 기억이 세대 계승의 혈관을 흐르는 피돌기의 역할을 할 수밖에 없게 된다. 그런데 경험 기억은 '말'로서의 한계를 지니면서 '말'을 초월하는 아우라를 내포한다. 감각의 직접성보다는 상상의 원근성과 환상성으로부터 아우라가 파생되는 것이라면 아우라는 경험 기억의 장소를 사람들의 망각에서 구해낼 것이다. 기억 장소는 잊어서는 안 된다는 망각에 대한 자각으로부터 현재화한다. 광기 어린 폭력과 학살이 벌어진 광주의 금남로 거리는 기억의 몸체로서 절멸할 수 없는 공간이다. 다양한 영상으로 남은 금남로와 옛 전남도청 앞 분수대 광장은 사라질 수 없다. '대한민국에서 그런 일이 일어났을 수가 없다, 좁은 땅에서 백주대낮에!'라는 증언이나, '수십만 명이 손에 태극기를 들고 아리랑과 애국가를 부르며 금남로 거리에 쏟아져 나와 밤이 새도록 시위를 전개하였다'는 이야기는 마술적이다. 오월의 아우라는 해체되고 비틀어져 버렸지만 결코 없앨 수 없는 기억 장소와 구술 증언의 회상 기억과 함께 언제든지 절대공동체의 이름으로 다시 불려 나올 것이다. 비장하거나 신화처럼 기억 장소들은 시의 벗으로 초대된다. 금남로와 분수대 광장, 망월묘지, 그리고 무등산과 영산강에 광주를 상징하는 영혼의 이름을 달아 준다. 그리고 초혼한다. 불타 버린 방송국과 세무서 앞에 나무처럼 서서 "아무도 살아 있지 않은 세기"를 "까맣게 타버린 눈물"을 안고 "백 년이 단 며칠 사이에 흘러가는 것을"(이영진, 「백 년이 단 며칠 사이에 흘러가는 것을 보았다」) 보는 것이다. 읽는 이로 하여금 나란히 옆에 서서 오월의 풍경을 지켜보도록 하는 것이다. 신록으로 푸르게 달려가야 할 소년을 불러내서 금남로의 플라타너스를 그리워하고 멈춰 버린 탁상시계의 시간을 영원한 시간으로 돌려놓는다. 『광주5월민중항쟁사료전집』이 담고 있는 구술 증언과 현장 감정을 새삼스럽게 재현하고 있는 시라는 매체가 하는 일이기도 하다.

어머니, 지금은 오전 8시 20분 학교에 갈 시간이 되었어요.
어머니, 오늘 저의 도시락 반찬은 무엇입니까? 제가 좋아하는 노란 단무지와 감자조림을 넣어주세요. 아, 오늘은 화요일 체육복을 내주셔야겠네요. 흰 라인이 그어진 운동장으로 어서 뛰어나가고 싶어요. 그리고 어머니, 제 일기장에 날짜와 날씨를 꼭 적어 놓으세요. 그 동안의 내용은 모두 비워 두셔야 합니다. 제가 돌아가는 날 제 작은 손으로 일기장의 빈칸을 모두 채우겠습니다. 어머니, 제가 신던 13문 짜리 그 검정색 흰 줄무늬 운동화도 버리지 마세요. 저의 발은 더 자라지 않았습니다. 십 년이 지났어도, 아니 이십 년 오십 년이 지나도 그 검정색 흰 줄무늬 운동화는 제 것이 될 것입니다.
어머니, 제 책상 위 탁상시계 초침도 돌려 놓지 마세요. 그날 그 정지된 시간에 그대로 놓아 두셔야 합니다. 제가 돌아가는 날 저의 탁상시계의 바늘도 잃었던 시간을 찾아 다시 돌아갈 것입니다.

그런데 어머니, 친구들과 금남로의 그 플라타너스는 너무 많이 자라 있겠지요. 그러나 어머니, 슬퍼하지 마십시오. 저는 소년으로 더 오래오래 어머니 곁에서 살 수 있으니까요.

— 유재영, 「어머니에게 보내는 망월동 소년의 편지」 전문,
『오월문학총서 1 시』, 5·18기념재단, 2012

금남로 거리 어디쯤 혼비백산으로 벗겨졌을 소년의 신발은 눈물 어리게 한다. 눈물 어린 눈은 고통이면서 평화이고 망각을 지켜보는 위로이자 참상의 기억이기도 하다. 그래서 '하늘나라'의 '그'를 보게 한다.

그가 보이지 않으니
가슴의 화상 또한 보이지 않았다

동쪽 창으로 멀리 보이던 무등,
갈매빛 눈매는 성글고 그윽하였으나
그 기억의 분화구를 들여다보기 두려워
한 번도 가까이 가지 못했다
너무도 큰 죽음을 보아버린 눈동자가
저리도 평화로울 수 있다니,

진물 흐르는 가슴이 저리도 푸르다니,
그러나 오늘은 그가 먹구름 속에 들어계셨다

그는 보이지 않았지만
아주 가까운 숨소리에 잠이 깨었다

밤마다 그의 겨드랑이께 숨은 마을로 돌아와
상처 입은 짐승처럼 잠이 들면
그는 조금씩 걸어 내려와
어지러운 내 잠머리를 지키다 가곤 했으니
그를 보지 않은 듯 나는 너무 많이 보아온 것이다
먹구름이 걷히자
천천히 걸어 올라가는 그의 등이 보였다

무등에게로 돌아가는 무등,
녹음 속의 화상은 보이지 않았지만
내 손에는 거기서 흘러내린 진물이 묻어 있었다
그의 겨드랑이께에서 깨어났다

— 나희덕, 「그는 먹구름 속에 들어계셨다」,
『오월문학총서 1 시』, 5·18기념재단, 2012

  회상 기억은 당시 〈국제신문〉 김양우 기자의 현장 증언에서 더욱 절실하게 눈물짓게 할 것이다.

5월 21일 계엄군이 금남로 거리와 옛 전남도청에서 외곽으로 철수한 뒤 분수대 광장에 모인 군중은 가족의 안녕이 무엇보다 궁금했다. 그리고 상무관은 희생당한 시신들이 안치되어 있었다. 분수대 광장과 상무관 사이는 통곡의 광장이었다.

시체의 신원이 확인되면서 광장은 통곡의 광장으로 바뀌어 갔다. 여기저기서 끼리끼리 모여 울던 것이 어느 틈에 광장 전체로 번져 엉엉 우는 소리, 사설을 늘어놓으면서 통곡하는 소리, 마구 욕설을 퍼부어 대면서 화풀이를 하는 사람들로 소란스러워졌다. 어느 누구라도 이같이 한스런 광경을 보고 울지 않을 사람은 없을 것이다. 광장 전체가 통곡의 광장으로 변해 두 시간도 더 계속되었다. 하늘이 새까만 비구름으로 뒤덮이면서 빗방울이 후둑후둑 떨어지기 시작했다.

— 김양우, 「시민군 계엄군」 중에서

한 줄에 묶인 넷 중 양쪽 끝 둘은 이미 숨이 끊어져 머리가 푹 꺾여져 시멘트 바닥으로 처박혀 있었다. …… 스무 살쯤 됐을까. 얼핏 봐도 대학생인 듯 싶은 젊은이의 눈빛이 초롱초롱했다. 묶인 채 당하는 고통은 어디로 사라졌을까. 그렇게 맑을 수가 없었다. 그처럼 맑고 순진한 눈빛을 이후에도 본 일이 없다.

— 김양우, 「시민군 계엄군」 중에서

3. 동심원의 패러독스

"나는 이제 너에게도 슬픔을 주겠다"

실패한 복수를 역사가 수행토록 하려면 숨을 불어넣을 기억 장소와 기록(언어-말)은 필수다. 반성과 사죄가 없는 가해자에게 응징을 가하는 것은 생물학적 숨을 멈추게 하는 것만큼이나 그들이 저지른 행적과 참혹한 (정신적-문화적) 야만을 낱낱이 기록하는 것이다. 그리고 지속적으로 말해져야 하며 경계를 넘어서 널리 전파되어야 한다. 참상의 현장 상황과 참상을 저지른 자들의 구체적이고 실제적인 행위를 후세대들이 느끼(이해)도록 해야 한다. 그러나 그들은 한사코 반성하지 않을 것이며 자신이 저지른 일들을 재구성하여 참상의 덫에서 빠져나가려 시도할 것이다.

이때 역사를 계승한 후세대에게 필요한 것은 무엇인가. 어떻게 해야 참상은 반복되지 않을 수 있을까. 답은 뻔하다. 생동하는 상상력으로 참상에 대해 공감하는 일이다. 기억 장소를 체험하고 간접적으로 회상 기억을 도와줄 증언과 구술을 듣고 읽어야 하며 학습해야 한다. 참상의 증언과 구술은 정념을 혼란스럽게 할 것이다. 기억 장소는 부지불식간에 슬픔의 감정을 촉발할 것이다. 그리고 슬픔은 처연하게 가슴 아래께에서부터 눈물 나게 할 것이다. 이로써 우리는 자기를 성찰할 기회를 얻는다. 오월의 참상과 관련해 나의 현재의 위치와 생각, 그리고 취해야 할 행동은 어떠해야 하는가, '절대공동체는 어떻게 가능한가'라는 사유는 성찰의 순간에 자기 앞에 등장한다. 성찰이란 무엇인가.

> 인간은 자신의 영혼의 힘이 자유로울 때 성찰을 하게 된다. 그러면 영혼의 힘은 모든 오감을 통해 흐르는 감성의 대양 속에서, 꼭 말하자면 하나의 흐름을 분리하여 그것을 잡고 그에 대해 정신을 집중하고 그것을 기억하도록 의식한다. 자신의 감성을 스쳐지나가는 부유하는 꿈의 이미지들에서 각성의 순간에 집중하게 되고 특정한 심상에 머물러서 그것을 밝고도 평온한 의식 속에 담아 어떤 기호를 부여하여 특별히 저장하여 이 대상물이 다른 것과는 구별될 수 있도록 하면서 성찰하는 것이다.
> — 헤르더, 『언어의 기원에 관하여』; 알라이다 아스만의 『기억의 공간』에서 재인용

성찰은 다음과 같은 심적 동인을 포괄해야 하는데 "피해(참상)의 진원지에서 멀리 떨어진 사람일수록 피해(참상)의 진실에 스스로 상상력을 발휘하려고 노력하고, 피해(참상)의 진원지에서 가까운 이들일수록 용기를 내어 가혹한 진실을 직시해야"(서경식, 『증언불가능성의 현재』, 『시의 힘』) 하기 때문이다. 왜 그럴까. 동의하든 부인하든 '광주'에서 '오월'의 시공간에서 멀리 떨어진 사람들일수록 부인하고 싶은 심리적 동인이 크게 작용하기 때문이다. 동심원의 패러독스가 작동되는 것이다. 서경식의 통찰을 더 들어 보자.

홀로코스트를 처음 알았을 때, 믿기지 않는다고 느꼈던 '문명인'이 사용한 심리적 메커니즘으로 다음의 3가지가 있다. 첫째, 이러한 학대와 대량학살은 소수의 제정신이 아닌 사람들이나 집단에 의해 행해졌다고 주장한다. 둘째, 그 사건에 관한 보고는 과장된 것이며 선동이라고 부정한다. 셋째, 보고는 믿는다고 하더라도 공포에 관한 지식은 가능한 한 빨리 억압해 버리는 것이다.

- 서경식, 「증언불가능성의 현재」, 『시의 힘』

그러므로 우리는 성찰을 통해서 슬픔의 힘을 내면화하는 것이 필요하다. 정신의 강인함을 발달 시켜 주는 것은 슬픔이기 때문이다. 강한 정신적 힘을 통해서 참상을 기억하고 계승하는 데 노력해야 한다. 망각과 더불어 무기력한 관습의 순환열차에 탑승하고 있지나 않은지 숙고해야 한다. 무기력한 관습을 통해 가해자의 위치에 서 있거나 그 시스템에 동참하는 방관자가 되어 있지는 않은지 사려할 줄 알아야 한다.

오월의 학살자를 응징하고 보복을 가하는 것은 이제 역사의 몫이 되어 버렸다. 역사를 당대화하고자 하는 후세대들의 기억투쟁 역량에 의존할 수밖에 없게 되었다. 후세대는 무엇을 기억의 신체로 하여 오월 역사를 당대화할 것인가.

4. 오월의 역사에 눈을 뜨는 방법

"시의 거울로 비추라"

오월 현장이 던진 충격은 가공할 폭력과 참담하게 찢겨나간 인간적 수치에서 기인한다. 이 수치는 온갖 울음을 그대로 쏟아내게 하였다. 망연하게 줄줄 흐르는 눈물, 돌아서서 흑흑거리면서 흘리는 눈물, 아무것도 하지 못한 자책에서 비롯된 울음, 분노에 가득 차 몸을 떠는 울음들은 고스란히 집단적 공동체적 슬픔으로 나아갔다. 세대를 전승해서 내면화한 자기 부정과 스스로 은폐시킨 수치심은 통곡으로 격동되었다. 집단적 울음은 동시에 '하늘나라'를 보게 만들었다. 머리가 깨지고 대검에 찔렸고 온몸이 벗겨져서 시뻘겋게 피투성이가 되어 나뒹구는 이웃을 눈과 귀로 목도하면서 광주시민은 군중이 되었다. 5월 20일 밤 수십만 명의 시민들은 마치 '가족 소풍'(임철우) 나오는 것처럼 손에 손을 잡고 금남로의 거리로 쏟아져 나왔다.

이때의 집단적 기쁨과 환희는 절대공동체의 현현으로 이어졌고 짧은 순간에 보아 버린 '하늘나라'의 경이로움은 목숨을 던져서라도 지켜야 할 가치가 되었다. 동일한 시공간에서 이웃과 더불어 일거에 겪은 참담한 슬픔은 세대를 거쳐 내면화한 무기력과 굴종을 일거에 정화해 버렸다. 그러나 눈앞의 경이는 오래가지 못한다. 심상을 자극하고 기억의 창고에 기억될 따름이다. 찰나적으로 정화를 거친 공동체적 슬픔은 경이로움을 내장한 채 일군의 청년들을 제단에 바침으로써 불굴의 공동체적 슬픔으로 승화되어 봉인된다. 이 봉인을 누가 언제 풀 것인가.

시대는 오래 가지 않았다. '고립'시킨(고립을 방관한) 광주로부터 어마어마하게 내장된 슬픔의 에너지(극단의 참상)를 얻은(알게 된) 한국인은 민주주의의 군중으로 재탄생하게 된다. 그리고 우리는 드디어 질기고도 질긴 무기력의 학습 과정을 끊게 된다. 참상과 숭고를 통해서 배제와 고립의 '광주'가 민족의 일원이고 공동체적 가치를 구현한 도시라는 것을 대한민국은 알았다. 그런데 어쩌랴. 역사는 일직선이 아니질 않은가. 삶은 성찰해야 하고 발 딛고 살아가는 사회는 항상 긴장하며 숙고해야만 하는 것이 인류 본연의 업보인 것을. 가해자들의 실체와 죄과는 구체적이고 자세하게 추적됐어야 했다. 이것은 반성과 용서 이전의 문제이다. 잘못을 바로잡는 일은 복수와 함께 화해까지 포함해야 할 일이지만 무엇을 어떻게 잘못하였는가를 추궁하고 기록에 남기는 일은 역사를 위한 몫이다. 일군의 무리들이 권력을 장악하기 위해 어느 정도로 포악하며 반인륜적이고 야만적 폭력을 저지를 수 있는지를 밝혀야 한다. 두 명의 대통령은 역사와 화해라는 이름을 차용하여 그것을 덮어버렸다. 식민지 시대를 거쳐 고착된 분단 체제에서 국가 폭력이 어느 정도로 시스템 속에 내재되어 있는가를 밝혔어야 했다. 빨갱이라는 명명 아래 자행한 야만적인 폭력이 베트남전쟁을 거치고 국가 권력의 지배 이데올로기 속에서 한 인간에게 얼마나 내면화했는가를 밝히는 것은 1980년 오월 광주에서 자행한 한 공수특전대 병사의 만행이 어디에서 기인한지를 밝히는 것과도 같은 일이었다. 그것을 모두 삭제해 버린 것이다. 우두머리들을 법적으로 응징하였으나 이 단죄가 우리 사회의 문화적 도덕률로 자리 잡지 못하게 된 원인 중 하나로 이 혐의를 거둘 수가 없다. 인류를 향해 끔찍한 범죄를 저지른 가해자들은 자신의 행위를 반성하지 않는다. 아우슈비츠는 그것을 적나라하게 드러내주었다. 오죽했으면 홀로코스트의 범죄자들을 지금까지도 추적하여 법정에 세우겠는가. 제대로 성장한 민족공동체 문화인들의 관습이라면 학살자들을 공동체에서 유리 시키는 것이 마땅하다. 그러하지 못한 연유로 오월의 기억은 아직도 역사라는 이름의 저장기억소를 배회하고 있는 것인지도 모르겠다. 특별할 때 떠올려야 할 오월의 기억이 여전히 참상과 함께 회상될 수밖에 없는 까닭이다. 역설적이게도 우리는 "유사한 시련이 다시 닥칠 때 우리의 영혼을 방어"(프리모 레비)할 수 있는 징조와 예후를 끔찍하게도 지난 시절의 비극적 참상에서 학습하고 감성을 훈련하고 있는 셈이다. 그리고 참담한 슬픔은 특별한 눈물과 함께 회상될 수밖에 없다.

> 목련이 지는 것을 슬퍼하지 말자
> 피었다 지는 것이 목련뿐이랴
> 기쁨으로 피어나 눈물로 지는 것이
> 어디 목련뿐이랴

우리네 오월에는 목련보다
더 희고 정갈한 순백의 영혼들이
꽃잎처럼 떨어졌던 것을

해마다 오월은 다시 오고
겨우내 얼어붙었던 이 땅에 봄이 오면
소리 없이 스러졌던 영혼들이
흰빛 꽃잎이 되어
우리네 가슴속에 또 하나의
목련을 피우는 것을

그것은
기쁨처럼 환한 아침을 열던
설레임의 꽃이 아니요
오월의 슬픈 함성으로
한 닢 한 닢 떨어져
우리들의 가슴에 아픔으로 피어나는
순결한 꽃인 것을

눈부신 흰빛으로 다시 피어
살아 있는 사람을 부끄럽게 하고
마냥 푸른 하늘도 눈물짓는

> 우리들 오월의 꽃이
> 아직도 애처로운 눈빛을 하는데
> 한낱 목련이 진들
> 무예 그리 슬프랴
>
> — 박용주, 「목련이 진들」

    오월을 애도하면서 진행된 제의(제도화한 오월)에서 전남 고흥의 한 중학생이었던 박용주는 1997년에 이 시를 썼다. 부모들의 이야기를 듣고 상상력은 오롯이 그날의 슬픔으로 날아갔다. 오월이 오기 전, 4월의 봄은 목련을 환하게 피운다. 박용주는 겨울을 지나 봄에 환하게 꽃피우는 목련으로 오월의 희고 정갈한 순백의 영혼들을 상상한다. 상상은 곧 오월의 슬픔과 맞닿는다. 목련은 시련을 이겨 낸 오월의 이야기를 불러내 당대를 호흡하게 한다. 기억의 정치적 효과가 쇠잔해지고 힘을 발휘하지 못하게 될 때 시(예술작품)는 심미적으로 텍스트 영역에서 그 가치를 발휘하게 된다. 그러므로 아무리 세월이 변해도 목련은 박용주와 독자를 불러낼 것이다. 오월의 역사가 한낱 쓰잘데없는 옛 이야기로서 그저 기억 저장소에 안치되어 있기만을 소망하더라도 '목련'은 오월을 구체적인 어떤 것으로 회상하게 할 것이다. 시의 형식을 빌어 재소환되는 오월은 후세대의 상상력 속에서 복수와 화해를 아우르는 절대공동체의 문화적 유전자를 잉태하고 성장한다.

    그리고 뒤이어 2007년 5월에 한 소녀 시인이 등장한다. 오월 현장, 한 인간의 수치와 그 수치의 기억은 깊은 내상을 남기고 그것을 지켜보는 우리는 참담하다. 가슴을 벌렁거리게 한다. 피부는 전율로 따갑다. 이렇듯 당대의 공동체가 실패한 복수를 후세대 시인은 가차없이 우리들의 감성을 자극한다. 이것은 기억 장소의 보존과 구술 증언의 힘과 더불어 끊임없이 '그들'과 '우리'를 호출함으로써 재생하는 새로운 버전의 복수에 다름 아니다. 아우라에 깃든 '그날'은 민낯으로 거울 앞에 서게 된다. 그리고 이 거울은 역사로서의 오월을 통증으로 눈뜨게 한다. 그렇다. 쇠약해져 가는 기억 장소와 구술 증언의 신체를 시의 거울로 다시 깨어나게 하자. 맑고 초롱한 눈을 뜨게 하자.

나가 자전거 끌고잉 출근허고 있었시야

근디 갑재기 어떤 놈이 떡 하니 뒤에 올라 타블더라고. 난 뉘요 혔더니, 고 어린 놈이 같이 좀 갑시다 허잖어. 가쟌께 갔재. 가다 본께 누가 뒤에서 자꾸 부르는 거 같어. 그랴서 멈췄재. 근디 내 뒤에 고놈이 갑시다 갑시다 그라데. 아까부텀 머리에 피도 안 마른 놈이 어른한티 말을 놓는거이 우째 생겨먹은 놈인가 볼라고 뒤엘 봤시야. 근디 눈물 반 콧물 반 된 고놈 얼굴보담도 저짝에 총구녕이 먼저 뵈데.

총구녕이 점점 가까이와. 아따 지금 생각혀도…… 그땐 참말

오줌 지릴 뻔했시야. 그때 나가 떤건지 나 옷자락 붙든 고놈이 떤건지 암튼 겁나 떨려불데. 고놈이 목이 다 쇠갔고 갑시다 갑시다 그라는데잉 발이 안 떨어져브냐. 총구녕이 날 쿡 찔러. 무슨 관계요? 하는디 말이 안 나와. 근디 내 뒤에 고놈이 얼굴이 허어애 갔고서는 우리 사촌 형님이오 허드랑께. 아깐 떨어지도 않던 나 입에서 아니오 요 말이 떡 나오데.

고놈은 총구녕이 델꼬가고, 난 뒤도 안 돌아보고 허벌나게 달렸재. 심장이 쿵쾅쿵쾅 허더라고. 저 짝 언덕까정 달려 가 그쟈서 뒤를 본께 아까 고놈이 교복을 입고 있데. 어린놈이……

그라고 보내놓고 나가 테레비도 안 보고야, 라디오도 안 틀었시야. 근디 맨날 매칠이 지나도 누가 자꼬 뒤에서 갑시다 갑시다 해브냐.

아직꺼정 고놈 뒷모습이 그라고 아른거린다잉……

— 정민경, 「그날」[2]

---

[2] 2007년 5·18민중항쟁기념 서울 청소년백일장 당선 시. 정민경은 당시 경기여고 3학년이었다.

더 많이 오월을 감각하는 일, 사랑과 공감

1. 감각하는 일

한 사회의 변화는 감정 구조의 변화를 수반할 때 비로소 일단락된다. 변화를 수반하는 감정 구조는 단순하지 않기 때문에 끊임없이 과거의 일에 대한 해석권을 놓고 쟁투가 벌어진다. 오월의 역사에 대해서 지속적으로 벌어지고 있는 왜곡과 폄훼의 현상은 대한민국 공동체를 구성하고 있는 국민들의 내면 구조에 '진상이 제대로 밝혀지지 않았다'는 진단과 상통한다. '진상'은 심리적 진상의 미비와 상보되면서 '오월은 아직 끝나지 않았다'는 불확정의 역사의식으로 자리 잡았고 다른 한편으로는 악의적인 왜곡과 편집적 혐오가 관음증처럼 대한민국의 역사 문화공간에서 배회하고 있다. 실체적으로 미완의 오월이 남아 있기도 하지만 보편적 국민 감정으로서 진상 규명의 미진은 '그'가 아직 살아 있으면서 '전직 대통령'에 대한 다양한 '예우'가 국가적 차원에서 제공되는 현장이 수시로 목격되는 데서 비롯한다. 그리고 이는 우리 사회가 경제적 풍요와 더불어 피투성이로 이룬 정치적 민주주의의 토대에 서 있지만 매우 불균형하고 어정쩡한 사회 구성체를 이루고 있다는 자각에 이른다. 여기에는 윤리적 뻔뻔함이 용인되고 후안무치가 통용되는 감정 구조가 고착화해 있음을 부인할 수 없다. 현실 정치는 이러한 양상을 더욱 가공스럽게 증폭하고 있다. 오월은 물론이고 각종의 사회 파탄적 범죄 행위에 대해서도 형사적 처벌은 물론 공동체가 내릴 수 있는 문화적 처벌은 쓸모없어졌고 시대와 세대의 변화에 따른 새로운 문화 교양의 출현은 미미하다. 시간은 속절없이 흘러 오월이 보여 줬던 형언할 수 없는 '절대공동체'의 아름다움은 낡은 기억의 수첩에서 가까스로 생동하고 있다.

한 사회의 문화적 교양은 개개인의 감정 구조와 직결된다. 개인의 감정 구조는 그 사회가 도달한 문화 총량이 다양하게 내재되어 있을 수밖에 없다. 오월이 펼쳐 보인 '절대공동체'는 인류가 이뤄 온 당대 시점의 이론으로는 해명하기가 난감한 것이기도 하였고 형언 불가능한 사태이기도 했다. 기왕의 대한민국의 관습을 일거에 무너뜨린 사건이었고 그것은 새로운 감정구조를 잉태했다. 응축적으로 발산한 개인의 감정 유로를 '백 년을 단 며칠 사이에' 드러내 주었지만 그러나 순식간에 사라져 버렸다. 그리고 다시 공동체의 일상은 기왕의 제도와 규범 사이에서 자기 정체성을 재구성하는 데 실패하고 복잡한 감정 구조를 형성해 갔다. 세간에 떠도는 오월의 왜곡은 우리 사회의 지체된 문화적 감정 구조에 기반하고 있다. 그것은 논리가 아니며 이론도 아니다. 사유에 기반하지 않은 우울증의 증세일 뿐이며 충동과 관음증적 혐오의 산물이다.

짧은 근대를 경과하면서 어떤 식으로든지 다리를 건넌 공화국의 국민은 충분히 벌거벗겨졌다. 부끄러운 주체는 반성을 통해 자신이 목격한 공동체적 사건에 대해 실감하며 새로운 연대의 감정으로 나아가야 한다. 그럴 때 지난 과거는 수치에만 머물지 않고 공동체적 윤리에 대한 성찰로 이어지며 정의로운 문화적 감정 구조가 형성된다. 그러므로 하나의 사건에 대한 끝맺음은 의미가 있다. 과거 청산은 미래의 새로운 문화를 낳는 이행기를 촉진할 것이며 자신과 사회적 수치를 정면으로 직시하는 과정을 통해서 건강한 통념과 관습이 형성되는 힘으로 전환될 것이다. 이 경로는 우여곡절을 겪는다. 벌거벗겨진 몸을 감추기 위해 몸부림치는 시대착오는 우울증으로 몸을 감춘다. 환한 경계를 자기의 것으로 내재화하지 못하는 데서 혐오의 관음증이 음습하게 퍼진다. 남북 분단이 여전한 상태에서 오로지 양극단의 유령을 자기 생존 기반으로 삼으려는 집단이 버젓한 것도 역사가 감당할 우여의 몫이며 일베들처럼 기형적으로 자기 노출을 일상의 과업으로 여기는 가상 공간의 청년세대들도 곡절의 한 형상이다.

그러나 비관적이지 않다. 민주주의 시민은 참담함과 더불어 분노의 감정을 자기의 것으로 하여 내면의 존엄과 함께 정의로운 공감의 감정으로 문화 장정을 오래도록 전개하고 있다. "사회가 자부심을 가질 수 있는 것은 가장 거대하거나 가장 부유해서가 아니라 가장 정의롭고 가장 잘 조직화되어 있어서이며, 가장 좋은 도덕적 구성을 갖고 있"는 데서 비롯할 것임을 믿는 까닭이다(김명희, 「한국 이행기 정의의 감정동학에 대한 사례연구」, 『기억과 전망』, 2016년 여름호).

이를 위해 오월은 부단히 자기를 갱신해 왔고 담론과 확장된 이론을 통해 다양하게 자신의 길을 개척해 왔다. 이론의 진면목이 "세계를 완전히 다르게, 완전히 다른 빛 속에서 드러나게 하는 근본적인 결단"이며 "무엇이 여기에 속하고 무엇이 속하지 않는지, 무엇이 존재하고 -혹은 존재해야 하고- 무엇이 그렇지 않은지를 결정하는 원천적 근원적 결단"으로서 "고도로 선택적 서사이며, 전인미답의 지대를 헤치며 열어가는 구별의 숲"(한병철, 『에로스의 종말』)으로 오월의 이론은 합당한 길을 개척해왔다. 잘 아다시피 1980년대 후반부터 비공개적으로 회자하던 특정한 주장들은 객관적 사실에 입각한 담론으로 전환되었으며 오월의 서사는 새로운 이론의 길을 무궁하게 열었다.

그런데 역설적이게도 왜곡과 혐오의 충동은 공동체의 내면 구조에 자리 잡지 못한 오월 정신가치의 형형함에서 비롯함을 목격한다. 인류 역사에 견줄 때 국가 폭력에 맞선 반폭력(김정한, 『1980 대중봉기의 민주주의』)으로서 사회 변동을 추동하는 저항의 새로운 양상을 열었고, 분단 체제의 옹벽을 타고 오르며 지탱하던 이데올로기의 근거를 허물었으며, 맹목과 허위에 굴종하던 노예의 심리를 내면으로부터 박살내 버린 사건이 오월이었다. 오월의 빛으로부터 도망쳐 낡은 수구의 골방에 갇힌 역사 우울증은 기회주의적 보신주의자들을 자신과 한편으로 만들어 사회적 혐오의 문화구조를 충동하고 싶은 것이다. 오월의 빛이 지닌 음각의 단면이다.

그러므로 우리에게는 아직 정착하지 못한 절대공동체의 오월을 다양한 감각으로 더 많이 느끼고 사유하도록 해야 하는 일이 남아 있다. 깨져 버린 내면의 유리창을 직시하지 못하고, 주어진 개인의 자유를 역설적으로 자유 정신의 파괴를 위해 소진하는 우울증에 갇혀 있는 그들을 자각하도록 하는 일이기도 하다. 자각이 사유에서 비롯된다면 외적인 충격은 필수다. 미망을 깨트리고 오월의 대낮에 나올 용기가 그들에게는 부재하기 때문이다.

한편 절대공동체를 재소환 하는 일은 "사유재산도 없었고, 목숨도 내 것 네 것이 따로 없었고, 시간 또한 흐르지 않았"으며 "중생의 모든 분별심이 사라지고 개인들은 융합되어 하나로 존재했고 공포와 환희가 얼크러졌"으며 "동시에 인간의 감정과 이성이 새로 태어나는 태초의 혼미"(최정운, 『오월의 사회과학』)인 곳에 "많은 사람들이 거기에 있었"던 감각을 통해 오월의 감정에 부지불식간에 퍼졌던 환멸과 냉소의 감정을 치유하는 치유하는 것이다.

"연민이나 동정, 분석이 아니라" 그때 그 현장 사람들의 "삶에 흐르던 감정을 향한 어떤 완전한 몰입과 나를 잊고 너를 꿈꾸던 절실함"(수잔 손택, 『타인의 고통』)으로 사랑의 감정을 감각하도록 하는 일일 것이다.

2. 형언할 수 없는 것

형언할 수 없는 것들의 총체가 오월이다. '나는 나'를 넘어서 '너도 나'임을 확인하고 행동하도록 이끈 정신은 무엇이었을까. "내 자식도 저렇게 어디 가서 맞고 다닐 것이다, 라며 울면서 칼에 찔린 청년을 노상에서 치료해주려고" 하였으며 "피로 범벅이 된 얼굴과 옷을 보고 놀란 아가씨들이 체육관 안의 커튼을 찢어 지혈을 하려고 했으나 이미 피는 멈춘 상태여서 응급치료보다는 안정을 취해야 한다는 것을 알고 장동 동장 집으로 데려갔고 동장 부부는 갈아입을 옷을 내주고 이불을 손수 깔아주었"다. "음식점이나 황금동 유흥상가에서는 공짜로 밥도 주고 광주시민 다 죽어가는데 술 팔아먹을 수 있냐면서 집집마다 물수건과 대야에 물을 떠다가 문 앞에 두어 최루탄 가루를 씻게 해주"었을 뿐만 아니라 "시민들이 리어카에 음식물을 가득 싣고 왔으나 어린애들까지도 먹으려 하지 않고 시위대에게 권유"하였던 일들은 어떻게 가능하였을까. (『광주민중항쟁사료전집』) 예측 불가능한 방식으로 일순간에 격동되어 버린 생생한 정념이 사람들을 휩쓸아갔을 것이다. 타인의 고통을 즉각적으로 공감한 감정이 말 이전의 몸으로 발산된 것이다. 사랑의 감정이 순간적으로 폭발한 것이라고 해야 한다. 자신의 감정과 이해관계를 떠나 '네가 나'이면서 '내가 또한 너'라는 감정의 언어가 사랑이라면 그것은 금남로였고 충장로였으며 대인동이었다. 광주의 곳곳은 흔하디 흔하고 진부하기 짝이 없는 감정으로서의 사랑이 그 실체를 온 천하에 밝힌 사건의 현장이었던 셈이다.

　김상봉에 따르면 서양 정신의 역사 속에서 사랑이 아무리 드높이 떠받들어졌다 하더라도 정치의 원리로서 정립된 적은 없다. 가족 원리이지 국가 원리는 아니라는 것이다. 그런 까닭에 사람들이 아무리 고상한 사랑을 말하더라도 결국 사랑은 국가 이전 단계에서만 유효한 삶의 원리였고 사적인 삶에서만 통용되는 원리였던 것이다. 사적인 삶으로서의 사랑은 자유일 것이다. 자유는 서로 용인되는 법과 제도의 틀에서 가치를 지니며, 그 틀을 벗어나 타자의 고통과 연대하고 공감하는 것으로 나아가지 않으면 결국 '나' 아닌 '너'는 배제와 박탈의 존재로 전락한다. 유럽의 근대가 끔찍한 식민의 수치를 담보한 정신적 배경이기도 할 것이다.(김상봉, 『만남의 철학』) 그런데 오월의 현장은 관념이 이룬 무구한 사랑의 실체를 (자기애를 넘어) '너도 나'인 모습으로 유구한 고전적 명제를 포괄하고 함축하여 몸체를 드러냈다. 누구도 권유하지 않았으나 '너'의 죽음과 생명의 간극에 정면으로 마주 서서 스스로의 자유를 행사하였고 그것은 총체적으로 '너'와 모든 것과 함께하는 몸체였다. 이른바 서로주체(김상봉)로서의 역사였다.

　그저 평범하고 일상에서 순전히 이기적이며 무지한 각개 일반인들이 자발적으로 일어나서 목숨 아까운 줄 모르고 삶과 죽음이 교차하는 순간에 어떻게 뛰어들 수 있었겠는가. 이 불가사의한 사람들의 정신 상태와 감정을 달리 사랑이라고밖에 표현할 언어가 없다. 자식을 사랑하는 부모의 감정은 매우 원천적인 것이겠지만 실은 무엇으로도 변경할 수 없는 부모와 자식 사이의 관계로부터 시작되는 사랑이라는 점에서 일종의 자기애이다. 자기애는 자기를 전제할 때 성립하는 것이다. 그러므로 자기애는 타인을 동렬에 놓지 않으면 아집과 편협한 자기동일성을 지향할 뿐이다. 오월의 그곳은 자기애를 뛰어넘는 이타적 목숨과 죽음이 즉각적으로 표출된 사랑의 시공간이었다. '너도 나'인 사랑의 감정은 공포와 수치를 일순간에 전환하여 분노를 촉발하고 저항하게 하였다.

일단 폭력을 당한 사람들은 억울함, 불의에 대해 분노를 느꼈다. …… 다음 단계의 감정은 처참한 공포에 질려 우선 도망간 후 느낀 자책감 즉 자신의 무력함과 비참함에 대한 의식이었다. 이 심정은 불행한 동료에 대한 동정심을 넘어서는 것이었다. 이것은 인간의 존엄성을 짓밟는 행위에 대한 분노와 분노에 반응하지 못하고 폭력에 대한 공포에 떠는 자신의 비참함에 대한 수치와 분노였다. 공수부대는 인간을 짐승처럼, 짐승보다도 못하게 다루었을 뿐만 아니라 원래 그 폭력이 지향했던 그 폭력이 자신의 모습을 보여준 사람들 또한 인간 이하로 전락시켰다. 광주시민들의 분노는 이중적이었다. 자기 자신이 인간 이하라는 수치에 대한 분노, 그리고 자신이 인간 이하임은 폭력에 대한 공포에서 비롯된다는 분노는 광주시민들이 목숨을 걸고 공수부대와 싸워야만 했던 운명이었다. …… 폭력은 폭력을 당하는 인간과 이것을 보는 인간, 나아가서 그 시대 그 땅의 모든 인간은 인간이 아니라는 것이었고, 광주시민들은 이에 대한 분노로 이성을 잃고 사선을 넘었다. 그들은 투쟁의 대열에 참가함으로써 짐승의 수치에서 해방되어 존엄한 인간이 되었고 투쟁의 대열에 선 사람들은 모두 서로 존엄한 인간임을 축복했다.

— 최정운, 『오월의 사회과학』

오월의 내면을 미시적으로 따라가면서 줄곧 시(문학)의 감각을 회복하자고 주장하는 문제의식 중의 하나에는 앞서 제기한 한병철의 진단에 동의하는 바가 많기 때문인데 다음과 같은 설명은 이 같은 문제의식을 명료하게 이끈다.

각자 고립되어 있는 성과주체들로 이루어진 피로사회에서는 용기도 완전히 불구화된다. 이를 극복하기 위해 정치는 에로스와 만나야 한다. 에로스와 정치가 만나는 접점이 용기이다. 분노는 사라지고 짜증과 불평이 대신하고 있는 상태에서 기존의 질서와 근본적으로 단절하고 새로운 상태의 시작을 촉발하는 분노가 용기이다. 그래서 사랑은 개별자의 시점을 벗어나게 하고 타자의 관점에서, 또는 차이의 관점에서 세계를 새롭게 생성시킨다. 이로 인해 일어나는 근원적 전복의 부정성은 경험과 만남으로서의 사랑이 지니는 특징에 속하며 평소 살아가는 방식을 머리 끝에서 발끝까지 다 뒤집어 놓을 것이기 때문이다.

— 한병철, 『에로스의 종말』

다시, 오월 현장의 장면을 회상해 보자.

> 정말이지, 그 광경은 내가 꿈을 꾸었나 하는 생각까지 든다. 지금 생각하면 꿈같다. 내가 정말 꿈을 꾼 것이 아닌가, 헛것을 본 것이 아닌가. 그 사람들, 그 표정들, 그 모습들. 그때의 힘들을 떠올려 보면 과연 이게 사람인가, 진짜 사람들이었나 하고 말이다⋯⋯ 그날 사람들에게서 하느님의 모습을 본 것이다. 그것은 극한적인 어느 한순간에 불쑥 튀어나왔다가는 다시 한순간에 팍 사라진다. 제정신이 들면 순간 이기적인 자리로 후퇴해 버리고 만다. 그런데 자기로부터 튀어나오는 그 순간에 하느님의 모습이, 어떤 신의 모습이 딱 보이는 거다⋯⋯ 그날 밤, 그곳에는 신과 악마, 인간과 짐승이 한꺼번에 뒤엉켜 있었던 거다⋯⋯ 인간성이라는 그 엄청난 불가사의, 그 신비가 그야말로 일순간에 우리 눈앞에 현현한 거다.
> ─ 임철우, 「절대공동체의 안과 밖」, 『문학과사회』 2014년 여름호

당시 광주시민이 70만 명 정도였는데 5월 20일 밤 30만 명으로 추정되는 광주시민들이 금남로와 충장로, 광주공원과 광주역 등에 운집하였다. 한곳에 멈춰 있지 않고 물결처럼 흘러 다녔다. 마치 어떤 운율에 따라 이 거리 저 골목을 심장처럼 박동하거나 아스팔트 위에 스크럼을 짜고 앉아 찬연하게 노래를 불렀다. 우리는 이미 동아일보 기자였던 김충근의 이야기를 통해 그 장엄한 광경을 간

접 체험한 바 있다. '아리랑'과 더불어 가장 많이 불렸던 노래가 '애국가'와 '우리의 소원'이었는데 그 광경은 공동체적 사랑의 감정이 군무를 추듯 분출된 것이라고밖에 달리 설명할 언어가 없을 것이다. 군중은 노래처럼 뛰거나 걷거나 앉거나 휩쓸려 다녔다. 수십만 군중의 감정은 통곡과 격정을 실은 노래 그 자체였다. 사랑의 감정적 응축과 집단적 연대로서 노래였다.

20일 공용터미널 부근에서 시위 군중은 대자보를 읽고 있었다. 대자보를 읽고 있던 시민 누군가가 '우리의 소원은 통일'을 부르고 '아리랑'을 부르기 시작하자 시민들은 오열과 함께 통곡을 거리에 쏟아놓기 시작했다.

— 박남선의 증언

한국은행 광주지점 앞 충장 지하상가 위의 큰길에 모여든 시위대원들은 대형 태극기를 흔들며 구호를 외쳤다. 그동안 외쳤던 구호는 모두 쏟아져 나왔다. 그뿐 아니었다. 시위대원들은 차분하고 장중하게 애국가를 부르기 시작했다⋯⋯ 어떤 행사를 시작하려는 듯 노랫소리는 조금도 흔들리지 않고 장중하게 울려 퍼졌다.

— 김영택, 「10일간의 취재수첩」

오월 현장에서 노래는 "폭력과 공포, 고립과 해방, 투쟁과 연대라는 여러 층위의 감정을 수렴하고 확산하는 것"(천유철, 『오월의 문화정치』)이었으며 절대공동체를 이루는 데 강력한 매개체 역할을 하였다. 노래와 소리에 의해 매개된 사랑의 힘은 수십만 군중을 하나로 모으고 다시 확장되는 '흐름의 구성체'(이진경, 조원광, 「단절의 혁명, 미완의 혁명 – 코뮨주의 관점에서」 ; 『5·18민중항쟁의 새로운 성찰적 시선』)를 형성하였다. 그리고 거기에는 누구도 자각하지 못한 하느님이 내려와 있었고 한동안 그는 절대공동체의 도시 광주의 어딘가에서 머물고 있었다.

> 1980년 7월 31일
> 저물어가는 오후 5시
> 동녘 하늘 뭉게구름 위에
> 그 무어라고 말할 수 없이
> 앉아 계시는 하느님을
> 나는 광주의 신안동에서 보았다
> 몸이 아파 술을 먹지 못하고
> 대신 콜라로나 목을 축이면서
> 나는 정말 하느님을 보았다
> 나는 정말 하느님을 느꼈다
>
> 1980년 7월 31일 오후 5시
> 뭉게구름 위에 앉아 계시는

내게 충만 되어 오신 하느님을

나는 광주의 신안동에서 보았다

그런 뒤로 가슴이 터질 듯 부풀었고

세상 사람들 누구나가 좋아졌다

내 몸뚱이가 능금처럼 붉어지고

사람들이 이쁘고 환장하게 좋았다

이 숨길 수 없는 환희의 순간

세상 사람들 누구나를 보듬고

첫날밤처럼 씩씩거려 주고 싶어졌다

아아 나는 절망하지 않으련다

아아 나는 미워하거나 울어버리거나

넋마저 놓고 헤매이지 않으련다

목숨이 붙어 있는 것이라면 피라미

한 마리라도 소중히 여기련다

아아 나는 숨을 쉬는 것이라면 무엇이든지

사람이 만든 것이라면 하찮은 물건이라도

입 맞추고 입 맞추고 또 입 맞추고 살아가리라

사랑에 천번 만번 미치고 열두 번 둔갑하여서

이 세상의 똥구멍까지 입 맞추리라

사랑에 어질병이 들도록 입 맞추리라

아아 나는 정말 하느님을 보았다

— 김준태, 「나는 하느님을 보았다」 전문

하느님이 계시된 황홀한 사랑은 비단 시인에게만 내려앉지는 않았다.

> 태어나 처음으로 느껴보는 감격이며 환희였다. 사람들마다 모두 새로워보였고 나도 새로워지고 있다는 사실을 느낄 수 있었다. 어떤 시민도 내 형제요 부모들이었고 나는 그들의 자식이며 한 가족이었다. 내가 서울에서 부산에서 어머니를 생각하며 열심히 일해 돈을 벌고자 다짐했던 것처럼 저 많은 사람들의 열화와 같은 환호에 반드시 답해야 한다는 다짐을 열 번이고 스무 번이고 확인했다.
>
> — 이세영, 『5·18민중항쟁증언록1』

이 환장할 사랑의 실체에 대해서 소설가 정찬은 『광야』에서 다음과 같이 박태민의 입을 빌어서 서술한다.

> 계엄군이 들이닥친 오월 십팔 일부터 해방 광주가 이룩된 이십일 일까지 우리는 이상한 세계 속에 갇혀 있었습니다. 이상하다는 것은, 계엄군과 광주시민 어느 한쪽은 반드시 짐승이 되어야 했기 때문입니다. 그렇지 않으면 납득이 되지 않는 세계였습니다. 계엄군이 인간이었다면 우리는 짐승이었습니다. 우리가 인간이었다면 계엄군이 짐승이었습니다. 계엄군 역시 우리와 똑같이 느꼈을지도 모르겠습니다. 그렇다면 스스로 인

간이 되기 위해 광주시민들을 악착같이 짐승으로 생각했겠지요. 먼저 가신 분들은 누구보다도 이것을 깊이 느끼신 분들입니다. 그분들이 죽음의 두려움을 떨쳤던 것은 스스로 짐승으로 전락하지 않기 위함이었습니다. 그분들이 죽음 속으로 뛰어들었던 것은 더불어 살아왔던 형제와 이웃들이 짐승으로 전락하는 것을 참을 수 없었기 때문이었습니다. 그분들의 희생이 없었다면 우리는 지금도 짐승의 치욕에 갇혀 괴로워하고 있을 겁니다. 우리 모두는 사랑의 수혜자입니다. 희생의 실체가 사랑이기 때문입니다.

그런데 이웃의 고통과 함께하는 데 있어서 광주시민들은 하느님의 일방적인 사랑에만 의존하지 않았다. 용기는 존엄으로서의 인간을 확인하고 기꺼이 그 존엄을 지키기 위해 자신을 희생하도록 하였다. 시민들은 희생자가 아니라 용기 있는 행위자였다.(한강,「사랑이 아닌 다른 말로는 설명할 수 없는」,『창작과비평』 2014년 겨울호) 감정도 이해 관계도 없이 무조건적으로 '너'의 고통에 응답함으로써 자신의 존엄을 내보인 '나'는 사랑의 행위자였던 것이다. 그리하여 스스로 광막한 하늘의 모습을 담지하게 된다.

    너는 하늘이었다.
    노도처럼 거리를 뛰쳐 가다
    잠깐 고개를 들어

하늘을 보던 너의 얼굴은
하늘이었다.
먹구름 속에서도 함성처럼 이내 밝아오던 하늘
찬비 속에서도 이마를 들고 빛나던 얼굴
거리를 뛰쳐 가다
돌멩이 곁에 문득 멈추어 선 너의 얼굴은
광막한 광막한 하늘이었다.

시는 감각-감성으로서 타자-이웃-세계와 관계 맺는다. 하느님을 만나는 영감은 시인만이 느끼고 감각한다. 시인은 감각할 따름이다. 이 감각이 사랑의 감정이다. 참담과 고통으로 통곡밖에 다른 언어가 없을 때에도 시인은 '사랑'의 감정으로 공동체의 애도에 동참한다. 공동체가 접한 참담한 고통의 애도는 지속되어야 한다. 그리고 시인은 그 슬픔의 정수리에서 눈부신 길을 발견하고 애잔한 사랑의 감정을 다독인다. 처연한 상처에 내밀한 마음의 손을 내밀어 한사코 눈부신 사랑의 길을 공감하도록 한다.

눈부신 길 하나

저물어 가는 낮은 산들의 어둠 사이로
실오라기 같은 길 하나 눈부시게 떠오른다.
그래. 맨몸으로 홀로 빛나는 것들에게는

언제나 슬픔이 묻어 있지.
어둠 속으로 피어나는 목숨들
가을 한철을 보낸 구절초 같은 목숨들이
저리도 눈부신 게야.
끊어질 듯 끊어질 듯 이어지며
어둠에 떠 있는 길 하나.
벗이여. 무명(無明)의 세월을 흐르는
저 길의 어디쯤에 그대 있더라도
돌아보지는 말게나.
그대 비로소 어둠의 심연에 이르러
지상의 눈부신 길 하나 건너고 있으니

― 박두규,「눈부신 길 하나」

3. 함께 맞는 오월의 비

 오월이 형언할 수 없이 경이로운 것은 온갖 감정을 자극하기 때문이다. 인간 존엄의 감정으로서 사랑은 다양한 방식으로 절대공동체에 등장하였다. 그리고 사랑의 감정은 눈물을 타고 행동으로 격동되었다. 이웃의 고통에 윤리적 행동을 촉발한 것은 공감 감정이다. 사랑이 인간의 존엄과 닿아 있는 근본적인 감정이라면 공감은 행위를 촉발하는 이타적 감정이다. 공수부대의 만행에 항의하는 할아버지의 감정이 공감 감정이다. 유흥업소 여성의 헌혈도 공감 감정에서 비롯한다. 시장 아주머니들의 주먹밥 행렬은 어린 소녀들의 헌혈과 함께 오월 현장의 공감 감정의 절실함이 어느 정도인지를 현재화한다.

"그게 다 엄마 마음이었지. 남의 자슥도 내 자슥처럼 귀한 게 엄마 마음이야." "그렇게 양동 시장에서 많은 사람들이 나와서 골목에서 밥을 해댄 것이제. 그래서 다 된 주먹밥을 다라이에 이고 시민들 따라다니면서 청년들한테 밥을 주었던 거여."

— 『광주민중항쟁사료전집』

그런 만큼 정호승의 「주먹밥」은 단도직입적이다.

너희는 모두 이 밥을 받아 먹으라
이는 우리들 분노와 자유의 밥이니

너희는 모두 이 밥을 받아 먹으라
이는 우리들 해방과 약속의 밥이니

너의 가슴 쓸어안고 죽은 그를 위하여
너의 이름 부르며 불타는 넋을 위하여
마침내 다가온 너의 최후를 위하여

너희는 모두 이 침묵의 밥을 받아 먹으라
이는 우리들 평화와 부활의 밥이니

김해화의 「누이의 헌혈가」는 피가 부족하다는 가두방송을 듣고 기독병원에서 헌혈을 한 뒤 귀가하다가 계엄군의 총에 맞아 숨진 여고생 박금희 양을 떠오르게 하며 눈물짓게 한다.

사랑하는 오빠
사랑하는 조국의 총칼에 찢겨
5월 푸르름 한가운데가 질퍽이도록
뜨거운 피를 쏟으시다가
뜨겁던 가슴이 식어 간다고
우리들의 도시가 외쳐대는 오후에
당신의 곁으로 달려갔어요
피어린 거리를 지나 찾아간
대학병원은
우리들의 주검과 신음으로 출렁대고 있었어요

오빠 보셨지요
제 가느란 팔목에서 흘러나가던 영산강의 마음
저의 꿈은 먼 훗날 착한 지어미

하늘처럼 눈이 맑은 아들 딸 낳아

이 땅의 자유를 지키는 아들이 되고

이 땅의 자유를 사랑하는 딸이 되게 하는 것

그 꿈도 식지 않고 흘러가는 것

오빠 보셨지요

지금도 들리는 총소리 총소리

누가 누구의 이름으로

누가 누구의 가슴을 향해

저렇듯 싸늘하게 총을 쏘아야 하나요

아아

귀를 막고 돌아선 해 지는 거리에서

젊음이 지는 거리에서

오빠, 저는 무등산을 보았어요

뜨거운 산의

몸부림을 보았어요

    신영복은 타인의 고통과 함께하고자 하는 공감 감정이 절대적으로 필요하다면서 함께 맞는 비를 은유하였다.

    돕는다는 것은 우산을 들어주는 것이 아니라 함께 비를 맞는

것입니다. 함께 비를 맞지 않는

위로는 따뜻하지 않습니다. 위로는 위로를 받는 사람으로 하여금 스스로가 위로의 대상이라는 사실을 다시 한번 확인시켜 주기 때문입니다.

— 신영복, 『담론』

공감은 연민에 머물지 않는 감정이다. 타인의 고통을 이해하고 자기에게도 있음직한 아픔만을 느끼는 연민은 그 연민을 통해 자신의 안온함을 자각하는 것에 머물 따름이다. 타인의 고통을 감각하면서 그 고통과 연대하는 행동이 공감이다. 스스로가 존엄한 인간임을 확인해 준 게 사랑의 감정이라면 공감은 짐승이 아닌 인간이 어떻게 행동해야 할지를 가르는 준거였다. 그들은 행동하였다. 그 행동은 계산이 배제되고 이해관계가 초월된 어떤 절대의 경계에서 드러난 실존이었다. '나'의 고통을 전달하기 위해서 언어가 발로되었다면 관계의 존속과 함께 서로공동체의 꿈이 식지 않고 흘러가도록 하는 것은 마주 앉아 밥을 함께 먹는 것이며 피를 나누는 것이다. 밥과 피. 실존적 인간으로서 하느님과 함께 나타난 사랑의 실체는 밥과 피로 공감되었다. 일순간에 등장한 절대공동체가 노래의 운율을 타고 수십만 군중의 마음에 깃들어 그날 그 시간의 그 공간에서 '통곡'되었다면 소녀와 아주머니와 청년은 밥과 피와 총으로써 공감한 것이다. 하루 걸러 스산하게 내리던 1980년 오월 비는 이렇게 함께 맞는 비가 되어 분노와 해방, 평화와 부활의 밥으로 등장하고 영산강과 무등산의 마음으로 광막한 하늘을 보여주었던 것이다.

4. 고난을 견디는 힘, 더 많이 감각하는 일

2015년 5월 17일 밤, 금남로는 다시 울음의 광장이다. 성찰의 시간을 갖지 못한 시대는 응보로 답했다. 세월호는 방관자들을 후려쳤다. 정점에서 강판 당하지 않은 시대착오의 유령은 연민의 복면을 쓰고 재등장했고 대가는 혹독했다. 타인의 고통에 주목하지 않는 문화적 징후가 세월호를 낳았다. 모른 척하거나, 믿지 않거나, 침묵하거나, 부당함에 순종하거나, 이를 당연시하는 방관자의 감정이 세월호였다. 갈기갈기 찢긴 내면을 추스르기 위해서는 더 많은 피와 눈물이 필요하였다. 저 오월 마지막 날 새벽, "우리를 잊지 말아주십시오"라며 숨죽인 도시를 바스라지게 울렸던 여인의 목소리는 "기다리래, 엄마 아빠. 보고 싶어" "살아서 갈게요"라는 문자와 통곡으로 만나 울부짖었다. 그리고 재차 물었다. "오늘도 저녁이면 따뜻한 집으로 돌아와/다정한 가족들과 맛있는 음식을 나누며/언제나 즐겁고 행복한 삶을 누리는 당신."에게 이것이 인간인가를 물었다.(프리모 레비, 「이것이 인간인가」) 금남로는 오월과 사월이 서로를 껴안고 통곡하게 하였다. 그리고 많은 사람들을 다시 성찰하게 하였다.

지금은 천둥소리 없이 번개만 치는
불면으로 뒤척이는 밤이다.
(사람들이여)
마른 낙엽이 더 쌓이기 전에
어둠의 얼굴이 더 복면하기 전에
삶의 계단이 더 가파르기 전에
죽음이 더 일찍 마중 나오기 전에
평화로웠던 지난 세월들을 떠올리며
고요한 성찰의 시간 속으로 여행하여라.

– 프리모 레비, 「성찰의 시간」 부분

인간의 존엄이 무엇이어야 하는가를 확인한 부끄러움은 내내 살아남은 자의 아픔이었다. 그리고 아픔은 성찰하게 한다. 성찰은 공동체의 감각을 일깨우고 사회적 연대의 힘으로 승화되어야 한다. 금남로 거리에서 뒤늦게 마주한 오월과 사월의 무대는 "가슴 풀어 너나없이 껴안아"(조태일, 「다시 오월에」) 서로를 목놓아 울게 하였고 "살아 움직이는 푸른 맥박의 숲"(이희중, 「오월의 숲」)이었다.

사려 능력이 인간의 본질적 능력이라면 성찰의 문화는 사회구성체의 본체와 융합되어야 한다. 사려 능력을 고양시키는 것은 지적 노력과 인문적 사고력이 전제된다. 마찬가지로 변화한 정치적·경제적 구조와 함께 문화 능력이 조응하려면 사랑과 공감 감정이 사회구성체의 마음의 얼개여야 한다. 사랑과 공감을 더 많이 감각하는 일은 그러므로 절대적이다. 오월이 순간적으로 드러내 보인 절대공동체는 사랑과 공감의 신경이었다. 사람은 뭔가 윤리적 판단이 요구될 때 당사자일 경우와 제3자일 경우 다르게 행동한다. 사려 능력이 필요한 이유이다. 이 집요한 훈련이 사회구성체에 내면화 될 때 비로소 오월의 정신적 가치는 또 다른 내면의 부정성의 힘으로 다른 역사의 장으로 이전될 것이다. "인간에 관한 일이라면 무엇이든지 남의 일로 여기지 않는" 감각으로 박동할 것이다. 역사 우울증과 편집적 혐오를 넘는 것은 더 많이 감각하는 일이며 사랑과 공감 감정을 내면화하는 일인 것이다. 이때 성찰은 가장 유력한 도구이자 매개이다. 성찰은 이미 신들린(하느님이 내려앉은) 시인의 감각을 타고 절대공동체를 호흡할 사랑과 공감 감정의 무한대로 나아가게 할 것이다. 오월은 사랑과 공감 감정으로 부지불식간에 출몰하는 수많은 고난과 마주해야 한다. 고통과 참담에 열려 있어야 한다. 목숨을 부지하기 위해서 살아가는 것이 최대의 것이었던 '세월'을 지나 침몰한 이성과 문명을 인양해야 한다. 오월의 앞과 뒤를 이어 실감한 사랑과 공감의 공동체적 윤리를 피안의 어딘가로 넘길 수는 없다. 예측 불가능한 시간과 사건으로 재발하는 야만의 얼굴을 회피하지 않고 직시하며 방관하지 않고 필요 불가결한 행동에 나서도록 추동하는 것, 그것이 오월이 이룬 절대공동체의 감정구조를 갖추는 일이다. 그리고 오월은 아직 끝나지 않았다는 공화국 시민들의 감각을 누구도 파괴할 수 없는 사랑과 공감의 공동체적 윤리로 생동하게 하는 일이다. 그 와중에서 미처 오월이 감각하지 못한 도처의 신기루를 지켜볼 수 있어야 한다. 시인이 해야 할 일은 바로 이것이다.

비록 그대의 꿈들이 이루어지지 않더라도
가을 낙엽이 떨어지고 시계가 멈추더라도
그대의 몸이 쇠락하고 삶의 마감이 오더라도
그대의 세상마저 저물어 새벽이 오지 않더라도
난 항상 그대를 지켜보고 있겠네.

― 프리모 레비, 「고통의 나날들」

도래할 절대공동체
— 오월의 일상과 숭고

1. 두 번은 없다, 지속될 뿐

역사는 반복한다. 우리와 함께 생성되고 전개되어 미래로 나아간다. 환멸은 탈주를 부추겼지만 수치는 슬픔의 영혼을 깨워 행동에 나서게 한다. 훼손되지 말아야 할 것들이 무엇이었는지를 보인 1980년 오월은 세대가 흘러 수십 년이 지나서도 반복해서 우리 앞에 등장했다. 그리고 다시 반복하여 우리는 광장에 서 있다. 참담과 인간의 야만을 이기는 것은 그래서는 안 될 것 같은 본능적 공감 감정의 발로로서 아무 일이 아니라는 듯 행하고 기꺼이 자신의 희생을 받아들이는 숭고한 용기이다. 잠든 일상에서 부드러운 근육질의 어깨로 촛불을 든다. 촛불은 가장자리에서 푸르스름하게 너울댄다. 이 푸르름이 훼손되지 말아야 할 것들을 일깨우고 역사를 다시 밀고 나갈 수 있을 것인가. 왜 참담한 지난날은 망각되면

안 되는가. 그 지난날의 현장은 왜 기억되어야 하고 말해져야만 하는가. 2009년의 용산 참사를 건넌 훼손되지 말아야 할 기억들은 2014년 세월호를 맞닥뜨렸고 이제 우리는 또 하나의 역사의 부름에 응답해야 할 시공간에 서 있다. 지금이 바로 그때다. 이것은 기억의 강요일 것인가. 비관은 항상 실재한다. 오히려 무모한 낙관은 비관보다 더 쓸모없다. "왜 그날 그곳에 남았는가 ; 그냥 남아 있어야 할 것 같았다"는 물음과 응답은 그러므로 망각을 강제하는 증언이어야 하며 고통을 수반하는 성찰로 생환되어야 한다.

그런데 시라니. 그러므로 시이다. 그런데 오월이라니. 그러니까 오월이다. 터무니없이 낯익은 것이라 여기거나 쓰잘데없는 것들에 불과한 우리 안의 일상적 감각을 활성화하는 게 시의 일이다. 감각을 활성화하여 참담을 넘은 오월의 숭고를 회상하여 현재화하는 일이다. 환멸의 분노를 수치의 영혼으로 재무장하여 오월의 부름에 응답하는 일이다. 이 부름에 응답하는 일이 역사화한 사건을 실존의 사건으로 자기화하는 일이다. 말해져야 하고 경청하도록 해야 할 일인 것이다. 공동체의 기억이 된 오월을 회상을 통해 역사적 부름에 응답하도록 하는 것, 이것이 지금 우리를 광장에 서게 할 힘이다. 무릇 일반화로 잘 읽히지 않는 역사책의 한 페이지에 모셔지지 못하고 아직도 특수성과 구체적 개별자로 자꾸 호명되는 오월이 마주해야 할 일들이다. 새로운 사건은 낯익은 모습으로 자꾸만 물어댄다. 왜 참담은 반복되는가. 뻔뻔함으로 더욱 굳건해져서 우리들의 내면에 파고드는 것인가. 이 물음들은 항상 반복될 것이며 그리고 그에 대한 응답은 지속적으로 오월에 있다. 인간이 무엇이지 않기 위해서는 무엇을 해야 할 것인가가 부지불식간에 공포로 재등장한다는 것. 그리고 이것은 시대를 통과하면서 훨씬 더 두툼해지고 정교해진다는 것. 사라진 듯한 유령은 하나의 사회구성체 내에 공고하게 구축돼 있음을 우리는 집요하게 감각해야 한다. 지체된 개인의 교양에 틈입하여 내면을 교란하고 우울을 부추기고 있음을 직시해야 한다. 그러므로 바로 지금 현재 우리는 얼마나 다행인가. 오월이 담고 있는 미발견의 성찰적 보고가 역설적으로 그들에 의해서 촉구되고 있는 형국이다. 기억에 대한 촉구는 강요와는 결이 다르다. 제안이다. 소통을 전제로 한다. 소통이 서로를 함께 세우고 대면한 상황에 같이 서게 한다. 지겹게 시를 통해서 오월을 말하고자 한 속내이기도 하다. 이념화한 오월이 아니라 유적 존재로서, 인류가 어느 순간 직면할 사태를 정면으로 직시하고 응전할 본연의 가치로서 감정의 유로를 따져 보고자 한 이유이다. 그리고 거기에 시가 있다. 문학과 예술이 있다.

2. 하나의 극

1980년 오월은 하나의 극이다. 예술 작품이다. 한 편의 시이다. 극의 구성 원리가 발단과 전개, 위기와 절정을 거쳐 대단원의 막을 내리는 것이고 하나의 예술 작품과 한 편의 시가 기승전결을 거쳐 형식은 마무리를 짓지만 내용은 미완의 것이 되어 관객과 감상자에게 그 몫을 남기는 것이라면 오월은 가장 완성된 매우 수준 높은 작품이다. 오월의 극은 이렇게 시작된다.

1980년 5월 17일 저녁 9시 40분을 기해서 정부는 비상계엄을 전국으로 확대한다. 전두환의 지시를 받은 보안사령부는 이미 오전 중에 자신들만의 계통을 통해 전국 각 지역의 민주인사와 복적생, 그리고 학생운동 지도부 등의 리스트를 작성하고 예비검속 작업에 착수해 있었다. 광주전남은 5월 15일과 16일에 진행한 민주화를 위한 횃불성회의 열기가 채 가시지 않은 상태였고 막연한 희망과 함께 불안감이 감도는 상황이었다. 정부가 민주화의 일정을 밝히지 않으면 다시 도청 앞에 모여 시민궐기대회를 개최하기로 약속한 바도 있다. 그러나 신군부가 미리 선제 공격을 감행한 것이다. 예비검속으로 다수의 인사들이 보안사에 연행되어 수감됐고 검속을 피한 민주 인사와 활동가들은 광주를 빠져나가 외곽으로 피신한다. 이들의 한 부류는 18일 이후 금남로 현장으로 돌아와 수습대책위원회에 참여하거나 마지막 항쟁을 수행한다. 그리고 끝까지 돌아오지 못한 부류는 5·18 이후를 감당해야 했다.[3] 이 서막은 꽤 의미심장하다. 관념과 감상으로만 혁명과 민중의 실체를 이해한 운동권의 진상이 얼마나 아마추어적이었는가를 통찰케 하였으며 군중의 힘과 공동체적 희생이 단순한 일규가 아니라 하나의 역사가 되도록 마지막의 현장에서 자신을 기꺼이 희생의 제단에 바치도록 만들었다. 반복될 참상이라면 그것에 맞설 숭고한 용기가 어떠한 것인지를 함축한다. 언뜻 내비친 절대공동체가 다시 도래할 것인가를 역사에 맡기는 것이다.

5월 18일 오전 9시 40분 공수부대를 대면한 전남대 학생들은 경악한다. 눈에 핏발이 선 군인들은 끝까지 추격하여 건물이나 가정집까지 쳐들어가 곤봉과 군홧발로 머리를 가격하고 짓이겨서 연행해 갔다. 분노한 학생들은 금남로로 이동한다. 금남로는 아직 전투경찰이 시위를 저지하고 있는 상태였고 시민들은 우려와 불안을 감추지 못하고 지켜보는 양상이다. 오후 3시가 되자 유동에 공수부대가 등장한다. 잡은 사람은 남녀를 불문하고 몽둥이로 후려치고 옷을 벗겨서 아스팔트에 무릎을 꿇게 하고 군홧발로 걸어찼다. 항의하는 중년들도 예외가 아니었다. 거리는 아수라장이 되었다. 사람들이 모여 있기만 하여도 즉각적으로 폭력을 휘둘렀다. 도망가는 사람은 어느 곳이든 가리지 않고 추격하여 착검한 총으로

---

3 당시 횃불성회를 주도하면서 광주를 이끌어나갈 지도자로 시민들에게 강렬한 인상을 남겼던 전남대 총학생회장 박관현은 피신해서 부천의 한 공장에서 노동자로 일하다가 동료의 신고로 구속된다. 그는 교도소에서 광주학살자 처벌을 요구하며 40여 일간의 단식투쟁을 전개하였고 이 일로 숨을 거둔다. 5·18수괴로 수배된 윤한봉은 1981년 선후배 동료들의 도움을 받아 미국으로 밀항을 하게 되고 미국에서 조국의 민주화운동을 전개한다. 침대에서 자지 않고 허리띠를 풀지 않으며 영어를 사용하지 않는다는 3가지 원칙을 스스로 세우고 미국에서 동포 청년들을 조직하여 5·18 진상 규명과 조국의 민주화를 위한 다양한 활동을 전개하다가 1994년 귀국하게 된다.

온몸을 내리쳤다. 백주대낮에 사람들은 치를 떨었다. 데모는 대학생들의 특허이자 전유물로 여겼던 시민들은 말 그대로 인간사냥에 나선 '국군'을 보면서 도대체 어느나라 군대인가라고 자문할 수밖에 없었다. 노인들은 입을 다물지 못하며 6·25전쟁의 한 장면을 연상하였고 북한에서 내려온 인민군의 학살로 여기기까지 하였다. 공수부대의 의도적인 잔인성과 과시적인 폭력은 초기 대학생들의 시위를 제압하는 데는 영향을 미쳤지만 노소를 불문한 폭력은 시민들을 경악하게 하였다. 기대한 방송은 광주의 참상을 전혀 전하지 않았고 소문은 광주시민들을 분노하게 하였다. 사건의 발단은 이렇게 시작되었다.

상황 전개는 대학생들의 저항에서 광주시민들의 저항으로 확산된다. 그리고 저항의 새로운 방법들이 등장한다. 돌멩이에서 쇠파이프로 바꾼다. 수천 명의 시민들은 수만 명의 군중으로 확산된다. 도망치지 않고 물러났다가 다시 모이고, 모여서는 적극적으로 구호를 외치고 노래를 부른다. 분노한 시민들은 파출소를 불태우고 허둥대는 경찰을 무장해제 시키기도 한다. 그리고 마침내 20일에 두 가지 사건이 벌어진다.

택시 기사들과 버스 운전사들이 차량을 몰고 무등경기장에서 광주역을 거쳐 금남로까지 시위를 전개한다. 어둠이 서서히 거리에 깔리고 있었지만 시민들은 30만 명이 넘게 거리에 운집한다. 당시 광주시민이 70여만 명이었으니 거의 절반에 가까운 시민들이 거리에 몰려나온 것이다. 가족 동반하여 마치 서커스라도 구경가는 듯한 모습들이다. 전남도청을 중심으로 방사 형태로 퍼져 있는 거리마다 시민들은 물결을 이뤘다. 장엄하게 노래를 불렀다. 국민이 스스로 자신의 공동체적 정체성을 확인하고자 부르는 애국가가 그렇게 감동적일 수 있음을 광장의 시민들은 온몸으로 느끼고 있었다. '아리랑'은 시민들의 마음을 휘저어 놓았다. '우리의 소원'은 광장을 뒤흔들었다. 슬픔을 담은 분노의 외침은 그 자체가 하나의 전율이자 위대한 합창에 다름 아니었다. 그리고 시민들은 광주MBC방송국을 불태워 버린다.

당황한 신군부는 공수부대를 추가로 투입하면서 마침내 총을 쏘기 시작하였다. 저녁 11시 무렵 광주역 광장에서 계엄군의 발포로 시민 2명이 사망한다. 본격적으로 인간사냥이 벌어지는 상황. 이제 시민들은 도망칠 것인가, 맞서 싸울 것인가. 공동체적 분노는 본능적 인간다움을 일깨웠다. 맞서 싸운 시민들은 살해당한 시신을 리어카에 싣고 금남로 거리로 진출한다. 사건의 전개는 위기로 치달았다.

계엄군의 학살이 극에 달하고 이에 맞선 시민들의 전면 항쟁으로 전화되면서 위기는 결말을 알 수 없이 증폭된다.

21일 오후 1시, 갑자기 도청 스피커를 타고 애국가가 울려 퍼지기 시작한다. 이를 신호로 여긴 듯 금남로 거리에 몰려나온 수만 명의 시민들은 무차별 발포로 풀썩풀썩 쓰러진다. 빌딩 옥상에서도 조준 사격했다. 거리는 피바다가 되었다. 그러나 이미 목숨도 네 것 내 것이 아닌 시민들은 도피하거나 물러나지 않았다. 그리고 무장한다. 화순이나 담양과 나주 등지로 나아가서 TNT와 소총을 획득하고 금남로로 집결하여 계엄군과 시가전을 전개한다. 수만 명의 시민을 배후로 한 시민군의 등장은 최첨단 무기로 무장하고 무차별 발포를 통해 권력 장악의 전환점을 만들고자 한 신군부의 의도를 완전히 깨 버린다. 당황한 계엄군은 도청에서 철수할 수밖에 없다. 오후 5시 넘어 계엄군은 광주시 외곽으로 철수한다. 이제 위기는 어떻게 전환될 것인가.

극적 구조답게 위기의 순간은 수많은 사건과 사고가 일어나기 마련이다. 그러나 5·18의 위대함은 이 순간에 드러났다. 어디랄 것도 누구랄 것도 없이 찬연한 상황이 현현한다. 헌혈 행렬은 끊이지 않고 밥과 음료가 속속 도청으로 답지한다. 6천여 정의 총기가 나돌았지만 약탈과 탈취는 벌어지지 않았다. 무장한 시위대는 스스로 시민군이라 칭하면서 자치와 방위를 담당하였다. 윤리적 규범들이 작동된다. 관을 마련하여 희생당한 시신들을 상무관에 안치하고 추도의 예를 갖춰 희생을 기린다. 국화나 하얀 찔레꽃을 관 위에 놓고 촛불과 향을 피워 영령을 위로한다. 확보된 차량에는 검은 리본을 달고 도청 국기봉에는 태극기를 반기로 게양하였다. 그리고 공동회가 개최된다. 시민궐기대회는 참담함과 분노와 두려움과 숭고가 함께 숨쉬는 정치적이면서도 문화예술적인 절대공간으로서 작동한다. 시가 낭송되고 저항의 정당성과 요구가 선언된다. 한편으로는 팽팽하고 복잡한 감정이 곳곳에서 드러난다. 무기 회수를 둘러싸고 갈등이 벌어진다. 자발적으로 끝낼 것인가, 짓밟혀서 제단에 바쳐질 것인가. 두려움은 상존했다. 희망은 없는가. 서울을 비롯한 주요 도시의 움직임은 고요했다. 미국은 신군부의 만행을 최소한 동조하는 것으로 판단되었다. 외부의 지원이나 도움은 난망한 것이다. 잠시의 평온은 불안과 두려움을 극단화했다. 안간힘은 있다. 지역의 재야인사를 비롯한 변호사, 교수, 목사, 신부 등으로 구성된 수습대책위원회는 계엄사령부와 협상을 시도한다. 광주시 외곽을 차단하고 보란 듯이 학살을 자행하던 계엄군도 혼란은 마찬가지, 공수부대와 전투교육사령부 병사들끼리 오인 총격전이 발생하여 십수 명이 사상당하는 사고가 발생한다.

국면은 절정으로 치닫고 있다.

26일, 계엄군은 새벽에 탱크를 앞세워 도청 진입을 시도한다. 수습대책위원회의 신부와 목사, 교수와 변호사 등 19명은 새벽에 도청에서 출발하여 계엄사령부가 있는 상무대 방면으로 죽음의 행진을 감행한다. 5·18항쟁의 수많은 감격 중에서 항쟁 이후 새로워진 어떤 교훈 하나를 끄집어낸다면 지역의 지도적 위치의 인물들이 공동체의 안위를 위해 자신을 던지겠다고 나선 점이다. 지역 원로의 출현이다. 절정에 도달한 극은 소소하지만 강렬한 사건들을 다양하게 배치하고 있다. 그리고 항쟁은 마무리 단계로 진입한다. 죽음의 행진을 감행한 수습대책위원들이 들을 수 있는 답변은 26일 자정까지 무기를 반납하고 모두 해산하라는 최후통첩을 받는 것뿐이었다. 죽음의 행진 이후 김성룡 신부는 서울에 있는 김수환 추기경을 만나러 탈출한다. 도청의 시민학생투쟁위원회는 제5차 시민궐기대회를 조직한다. 시민학생투쟁위원회 대변인 윤상원은 외신기자들을 상대로 항쟁의 정당성을 설파하고 숭고한 희생이 헛되지 않도록 끝까지 물러서지 않을 것임을 천명한다. 그리고 고등학생과 여자들은 모두 도청에서 나가도록 결정한다. 죽음을 목전에 두고 있지만 기꺼이 희생을 감수하고자 하는 숭고한 용기가 5·18의 핵심적인 가치가 되는 순간이다.

대단원은 27일 새벽 3시, 5월의 푸른 밤하늘에 울려 퍼지는 애를 끊는 여성의 목소리와 함께 내려진다. "계엄군이 쳐들어옵니다. 시민 여러분 우리를 도와주십시오. 우리를 잊지 말아주십시오." 이 극적인 마무리는 살아남은 모두에게 '5월 이후'의 삶을 예감케 한다.

문화 예술이 특정한 대상을 끌어와서 재현하거나 재구성하여 심미적 아름다움을 형성하는 것이라면 역사는 심미적 대상이 되기 어려운 측면이 있다. 자연의 아름다움처럼, 한 마리 새나 꽃처럼 자기만의 미적 테두리를 갖지 않고 시간이 흐름에 따라 사라지거나 변형되기 때문이다. 그러나 5·18은 그 자체로서 예술이 된 사건이다. 시작과 끝이 명확하며 자체적인 플롯을 갖추고 있다. 누구도 예정하지 않았지만 누가 봐도 확실하게 판단할 수 있도록 기승전결의 구성으로도 탐색이 가능하다. 5월 18일의 참혹한 학살과 저항의 시작은 '기'에 해당한다. 5월 20일 차량시위와 21일 집단발포를 겪으면서 스스로의 자위를 위해 확보한 무장은 '승'에 해당할 것이다. 21일 마침내 시민군이 등장하고 계엄군이 일시적으로 전남도청과 광주시의 중심지에서 외곽으로 철수한 이후 자치공동체를 이룬 26일까지가 '전'이겠다. 27일 새벽은 비극적 결말로서 항쟁의 대단원의 막이 내리는 '결'이 된다. 항쟁으로 시작해 항쟁으로 끝나면서 사건 자체가 일종의 기승전결의 구성을 갖추고 있는 것이다. 김상봉은 다음과 같이 예술이 된 5·18을 설명하고 있다.

> 5·18은 사건 자체가 일종의 기승전결을 갖춘 드라마라고 할 수 있는 것이다. 그래서 5·18에 대한 사실적 기록을 볼 때마다 우리는 사실 자체가 주는 비극적 감동에 사로잡히게 된다. 그 감동은 단지 전체적 구성의 긴박함에서 비롯되는 것만은 아니다. 5·18은 그 열흘 동안 무수히 많은 사람들이 얽혀 만들어 낸 무한히 다양한 사건들을 품고 있는데 그 세세한 장면 하나하나 가운데 어떤 것도 그냥 버릴 것이 없다. 아직도 채 끝나지 않은 항쟁 참여자들의 증언록을 펼칠 때마다 우리는 그들이 겪어야 했던 고통에 대한 전율스런 공포와 연민 그리고 가해자들에 대한 의분을 느끼게 되지만, 그런 처절한 고통 속에서 도리어 눈부시게 빛나는 용기와 순수한 도덕성을 접할 때마다 아득히 높

이 치솟은 인간성의 숭고 앞에서 할 말을 잃는다. 하지만 5·18의 감동은 이런 교과서적 단순 구도로 다 설명되지는 않는다. 거기에도 갈등이 있고 이러지도 저러지도 못하는 딜레마가 있으며, 나약한 인간의 비겁과 유한한 지성의 판단 착오가 있다. 간단히 말해 인간의 삶에서 우리가 발견할 수 있는 거의 모든 곤경과 그 곤경 앞에서 흔들리는 인간이 있는 것이다. …. 그러니 객관적이고 형식주의적인 관점에서 보든, 리얼리즘적이거나 표현주의적인 관점에서 보든, 아니면 수용미학적 관점에서 보든 간에 5·18은 모든 면에서 어느 하나도 빠짐없이 완벽하게 우리를 형언할 수 없는 감동으로 밀어넣는 예술작품이라고 할 수 있다.[4]

그리고 극의 전개에 시는 필수적으로 등장한다. 다섯 차례에 걸쳐 열린 시민궐기대회는 큰 극 속에 배치된 작은 극과도 같았다. 쓰이고 낭송된 한 편의 시는 사람들을 격동시켰다.

> 무진벌의 백성들이 횃불을 들었다
> 손에 손을 맞잡으니 피끓는 형제여
> 조국 위해 바친 몸이 무슨 죄란 말인가

---

[4] 김상봉, 「제2장 그들의 나라에서 우리 모두의 나라로」, 『철학의 헌정』, 도서출판 길, 2015, 64쪽.

독재자의 총칼 앞에 수천이 죽다니
피에 젖은 민주 함성 끝까지 지키리니
설운 눈물 거두시고 고이 잠드소서

붉은 피만 낭자쿠나 도청 앞 분수대
서러워서 못 견디는 풀이파리 소리
가슴 펴고 외치노라 평화와 자유를
민주 혼은 살아 있다 무진벌 골짜기
자랑스런 민주투사 젊은 영들이여
정결한 피 최후의 날 우리 승리하리라

삼천만 동포들아 정의의 칼을 들라
젊은 영들 목쉰 절규 어찌 잊으랴
용기 있게 나가리라 민족의 봉우리
최후의 순간까지 겨레를 위하여
자랑스런 민주투사 젊은 영들이여
정결한 피 최후의 날 우리 승리하리라

— 「광주시민장송곡」 전문

 극단 광대의 책임 연출이었던 박효선은 궐기대회를 총괄 기획하고 연출하였으며 개최하였다. 야만과 참담에 맞서 인간의 존엄과 숭고한 용기가 실시간으로 부딪히며 쨍그랑거리고 화염일 때 요동치는 것은 현장 사람들의 감정이었다. 감정은 정당성을 확보해야 했고 시는 정당성을 확고히 표현했다. 하나의 극은 생각할 이성에게도 많은 물음을 남겼지만 살과 피와 심장의 수많은 감각에게도 문신을 새겨 놓았다. 해석되고 풀어헤쳐져야 할 '하늘의 계시'를 물려주었다.

3. 시적 변용

잘 알다시피 오월엔 정답이 없다. 시에 정답이 없는 것과도 같다. 예술이 불안정성과 불확실성 안에서 그 초월을 꿈꾸는 것처럼 오직 숨겨진 꿈들과 '변장한 유토피아'가 내재해 있을 따름이다. 너무 모호한가. 오월을 탐색하면서 정립한 이러저러한 담론은 단 며칠 만에 그때 거기서 실존한 인간들이 이룬 어떤 신비를 꾸준히 더듬어 볼 따름이다. 그러므로 너무 일찍 오월에 대한 탐구가 끝나버린 것은 안타까운 일이다. 시도 그렇다. 견딜 수 없었던 시인들은 너무 일찍 영혼의 울림을 소진해 버렸다. "광주 체험은 그러나 너무도 압도적이어서 그것을 시화시키는 데 시인들은 큰 고통을 겪는다. 광주를 노래한 순간, 그 노래는 체험의 절실함을 잃고, 자꾸만 수사가 되려 한다. 성실한 시인들의 고뇌는 거기에서 나온다. 광주에 대해 눈을 감을 수는 없다. 그렇다고 절실하게 느껴지지 않는 시를 시라고 발표할 수도 없다."(김현) 그러므로 치열했던 한 시인은 이렇게 여운을 지닌 말 닮음으로 오월의 절박과 형언할 수 없는 절대공동체를 말한다.

여기는 남쪽 나라 무풍지대
조국이여, 우린 난바다 속에 갇혀 있음
바람을 기다림. 긴급구조는 불가능한 것으로 판단됨
식량은 열흘간의 물과 건어물뿐임
그러나 안심하기 바람
교신은 곧 끊겠음. 다행히 수백 명 중에
건장한 사내도 여러 명 남아 있음
계속 노를 저어 항해할 계획임
누구도 후회하거나 두려워하지 않음

여기는 다시 남쪽 나라 무풍지대
조국이여, 우린 무역풍 지대에 도착함
이곳은 의외로 잔잔함
환상의 섬이 또 나타남
마스트엔 여전히 조국의 기가 펄럭임
뭔가 일어날 것 같음
갑작스런 순항의 시간들이 오히려 이상함
불길한 예감으로 모두들 잠들지 못함. 목이 쉬고

팔다리가 부어오름. 하지만 고장 난 선체를 수선하고
소금 묻은 총구를 손질하여 묵묵히 견디고 있음

교신 끊겠음. 그러나 묻겠노니 조국이여
우리가 새 땅을 발견하는 즉시
그곳에 정착해도 좋은가
그곳에 뿌리내려 새 깃발을 달아도 좋은가
바다에선 바다의 시민이었음

오 난파당한 조국이여
아직도 우리는 애국가를 부르고 있음
바다에 빼앗기지 않은 시신을 싣고
바람의 궐기를 기다리고 있음
어떤 배도 근처를 지나지 않음

— 임동확, 「긴급송신 SOS」

    시는 이렇게 오월을 호명하면서 항해할 역사의 바다를 눈앞에 펼친다. 절실함을 내장한 오월이 언어로 감각되어 세간에 등장하고 그대로 새로운 길이 된다. "고립된 관념에 민중적 실체를 마련해 주고, 시의 머리에 현실의 육체를 달아 준 획기적인 모멘트"(황현산)로 오월의 시가 항해를 시작하는 것이다. "언어에도 여러 단계의 깊이가 있는데 가장 바깥에 일상어·사회적 언어가 있다면, 가장 안쪽에 옹알이 같은 무의식의 언어가 있음"(이성복)을 착안할 때 오월로 몸을 얻은 시 언어는 비로소 옹알이를 일상어로 전환하여 나선다. 무의식의 실존적 감정이 오월의 신기루를 가능하게 하였다면 이것은 관념의 극대화가 아니다. 한 사람이 타인의 고통에 응답하기 위해서 자신의 목숨이 위태로움에도 불구하고 기꺼이 투신하는 것은 숭고한 용기이다. 도시 전체가 타인의 목숨을 구하기 위해서 자신의 목숨을 내놓는 것은 불가사의다. 개인의 비극을 초월하는 데서 숭고가 있다면 공동체가 발휘한 용기는 역사가 된다. 오월로 인해 몸을 얻은 관념이 모든 신체를 타고 흐른다. 이제 거역할 수 없는 하나의 가치가 우리의 삶에 보편화될 여지를 확보하는 것이다. 오월은 우리의 살에 새겨지고 피로 쓰여 가슴을 충동할 시적 국면으로, 촛불의 푸르스름으로 일렁인다. 환멸과 저주의 일상을 견딘 오월이 사람의 일상에서 어떻게 변주되는가. 세대는 이어져도 역사가 되돌이표로 반복되면 기억은 누구에게도 예외여서는 안 된다. 극장을 만들고 무대를 힘 있게 호령한 오월시들이 자신의 꽃밭을 오래 지속될 것으로 만들지 못하고 1980년대의 중심에서 사라진 것은 실패나 그냥 사라져 버린 것이 아니라 흩어져서 중심의 향기로 뿌려진 것이다.(김형수, 「흩어진 '중심'의 향기」) 그래서 오월시는 지속된다.

잘라 놓은 반 토막 무에서 싹이 돋아 나왔다.

할머니는 처녀 적 사립문 같다고 하고 아버지는 막 빠져나오는 송아지 같다고 하고 나는.

혁명 같다고 했다.

연속 재배하면 벌레 먹고 풀이 날개를 치면 한없이 나약해져 버리는 무. 두더지가 지나간 자리를 싹둑 잘라 두었던 것인데, 잘린 쪽은 이미 구름으로 덮혀져 있다. 구름의 본성은 땅으로 스며들고 스며든 본성이 하늘을 닮아간다는 것, 부챗살같이 퍼진 무의 속을 보면 알 수 있다.

무는 흰 구름과 파란 하늘이 함께 들어 있는 채소라서 무를 여러 번 말하면 맵고 지린 맛이 난다.

구름에서 속씨가 웅크리고 있다. 모든 싹은 처음에는 속잎이었다가 속잎이 겉잎이 되는 동안 사립문이 헐리고 철대문이 달리고

송아지는 개의 값을 뒤집어쓰고 음매음매 컹컹 짓는다. 그 사이,

혁명은 손가락질 받았다.

무청은 줄줄이 엮여 내걸리고 반 토막 무만 남아 필사적으로 싹을 틔우고 있다. 철 대문에서 싹이 자라고 싹이 노란 송아

지가 컹컹 짓는다. 한 개의 무를 할머니는 구름 쪽을 먼저 썰고 나는 파란 하늘 쪽을 먼저 썰자고 한다.

매운 입술이 내미는 혁명의 싹,
반쪽 남은 무를 두고도 분분한 의견이 한 집에서 산다.
― 고은희, 「무 싹을 바라보는 견해들」, 2016년 5·18문학상 수상작

4. 도래할 미래

숭고는 오래 간직되어야 할 기억의 관념이다. 심미라 하겠다. 아름다움은 경험의 시야에 꽉 차거나 사유의 범주를 가득 채우고 다음의 경계에 걸칠 때 요동친다. 오월의 숭고는 인간의 존엄과 함께 사유되어야 하고 '너'의 죽음을 '나'의 목숨과 바꾸겠다는 공동체적 용기의 표상이다.

다만 이상한 건, 그들의 힘만큼이나 강렬한 무엇인가가 나를 압도하고 있었다는 겁니다. … 군인들이 쏘아 죽인 사람들의 시신을 리어카에 실어 앞세우고 수십만의 사람들과 함께 총구 앞에 섰던 날, 느닷없이 발견한 내 안의 깨끗한 무엇에 나는 놀랐습니다. 더 이상 두렵지 않다는 느낌, 지금 죽어도 좋다는 느낌, 수십만 사람들의 피가 모여 거대한 혈관을 이룬 것 같았

던 생생한 느낌을 기억합니다. 그 혈관에 흐르며 고동치는, 세상에서 가장 거대하고 숭고한 심장의 맥박을 나는 느꼈습니다. 감히 내가 그것의 일부가 되었다고 느꼈습니다. … 헌혈하려는 사람들이 끝없이 줄을 서 있던 병원들의 입구, 피 묻은 흰 가운에 들것을 들고 폐허 같은 거리를 빠르게 걷던 의사와 간호사들, 내가 탄 트럭 위로 김에 싼 주먹밥과 물과 딸기를 올려주던 여자들, 함께 목청껏 부르던 애국가와 아리랑…

모든 사람이 기적처럼 자신의 껍데기 밖으로 걸어 나와 연한 맨 살을 맞댄 것 같던 그 순간들 사이로, 세상에서 가장 거대하고 숭고한 심장이, 부서져 피 흘렸던 그 심장이 다시 온전해져 맥박 치는 걸 느꼈습니다.

— 한강, 「소년이 온다」 부분

숭고는 간직해야 할 오월의 가치다. 단 며칠 사이에 지나간 운명 같은 사건인 만큼 그 속에는 "눈부시게 빛나는 용기와 순수한 도덕성"이 공기처럼 떠 흘렀고 "아득히 높이 치솟은 인간성의 숭고"는 지극히 심미적이다. 한 편의 극이 된 오월에는 이토록 간절한 황홀이 극단적 야만과 참담한 고통을 넘어 절대공동체의 실체로 눈앞에 펼쳐진 것이다. 그러므로 오월은 희생자의 노래가 아니라 수행자의 노래여야 하며 과거의 한 사건이 아니라 언제든지 호명해야 할 부름의 역사라고 해야 한다.

그러나 배제와 절멸은 우리 안에 있다. 일찍 소진해 버린 열망

탓도 있겠다. 시대의 함축은 길게 이어 갈 정신을 조로하게 만들었다. 참담과 야만에 맞선 인간 존엄은 소모되는 것이 아니라 잊히는 것이다. 기억은 자극되어야 한다. 문화적 의장은 제도화 속에 있으면서 제도를 넘어서 보편적 특수성으로서 기억의 매체 역할을 할 것이다. 매체는 '우리'의 총량을 요구한다. 허장은 자칫 지나친 보편화로 이어져 오월의 독보성을 지워 버린다. 변혁되어야 할 성세는 경로 의존성을 제어하지 못하고 휘황하게 나타난 새로운 정신을 낡은 관습에 가둔다. 과잉된 엄숙함은 외화된 속물성의 표현이며 초월하여 그날의 신기루와 조우하도록 해야 할 기억의 현장을 핍진하게 할 따름이다. 차제에 언급하자면 기억장치의 다양한 조형물과 기념관의 조형이 어떻게 기억을 내장할 것인가를 핵심과제로 삼지 않으면 안 되는가에 대한 물음이기도 하다.[5]

그런데 오월의 미래는 오는가. 답은 없다. 망상이 아니라 꿈이라면, 몽상한 것이 아니라 몸으로 지각된 실체였다면 오월은 그 유

---

[5] 국립5·18민주묘지는 성공한 외장보다는 실패한 정신으로 읽어야 할 것이다. 우리 사회의 가장 낮으면서 결핍된 사람이며 또한 배제되고 소외되었던 사람들이었던 민중이 어떻게 오월의 절대공동체를 이뤘는지를 느끼도록 해야 할 묘지는 허장성세의 전형이다. 웅장하고 우람하며 각지고 거대한 규모는 엄숙함 외에는 실물감 있는 감성을 모두 차단한다. 기념과 추모에서 각진 군사주의의 문화가 '오리발과 빨간 넥타이'(김형수)와 '구두닦이'(김창규)의 몸의 헌신을 압도한다. 애국가와 아리랑을 목 터지게 부르며 "우리도 애국 한번 합시다"라고 말하며 기꺼이 5월 27일 새벽, 인간의 존엄을 지킨 중국집 배달부와 넝마주이는 없는 것이다. "버려지만도 못한 삶의 둘레를 명함돌리는 거룩한 분들"(황지우, 「성, 오월」)이 어떻게 만나는가와 어떻게 만나야 하는가가 오월의 기억공간에는 장치되어야 한다.

전자를 도처에 흩뿌려 놓았을 것이다. 그 힘은 훼손되지 말아야 할 것들의 현실에서 항상적으로 요동칠 것이다. 경이로움으로 올 것이다. '지금'이 그렇지 않는가. 그리고 '우리'는 끝없이 길어 올려질 한 편의 시 속에서 오월의 소소한 일상을 눈부시게 목격하게 될 것이다. 그 일상은 아직 말해지지 않은 것들이며 발견되지 않은 성체들이다. 모호한 추상이 아니라 실존한 감각의 덩어리들이 아직 채굴되지 않았기 때문이다. 시가 된 오월은 독자들을 더 많이 충동해야 하며 독자들로 하여금 본능적으로 오월의 자리에 서도록 해야 한다. 그것이 오월시의 진경이 아니겠는가. 그 진경은 하염없다. 당대여서 더욱 지금 여기여야 한다. 그럴 때 그날 깨트려진 것은 인간 존엄의 영혼이 아니라 어찌해 볼 수 없었을 거 같았던 그들의 야만일 뿐이다. 그러므로 도래할 것은 실체화한 역사의 얼굴로서의 오월이다. 그리고 오래될 오월의 물음들이다.

그날의 도래를, 시여 오월의 소소한 일상에서 문득문득 길어 올리자.

> 1980년 5월 어느 날 애저녁
> 임신 태아
> 임신부 총 맞아 죽으니
> 조금 뒤
> 태아도 죽었다

그 태아가 살아 있다면

50년 뒤

2030년 5월 어느 날 애저녁

고향 광주에 왔다 팡파르가 기다린다

전남대 정문 앞거리에서

그 거리

사뭇 달라진 그 거리에서

50년 전 엄마의 배 속에서 죽었던 사실 통 모르고

그 거리에서

전남대생들의 환영 팡파르가 뜨겁다

모교 기념강연

한국 역대 대통령 중

최연소 대통령

50세 대통령으로 와서

왜 자유는 피를 먹어야 하나

특별강연 '성장과 복지' 첫머리부터 이런 난데없는 질문을

아무도 그가

50년 전

엄마의 배 속에서 죽은

여덟 달짜리 태아인 줄 몰랐다

그 태아가

죽은 엄마의 몸 부검으로 나와서

기적으로 이적으로 살아 나와서

외할머니를 엄마로 삼고 자라 팔삭둥이로 자라

10학문 10년 정치로

벼락쳐 대통령이 된 지난날 아무도 몰랐다

두말할 나위 없이

세말할 나위 없이

아무도 몰랐다

모교 대학 총장 주최

환영만찬 끝

한 동문회 간부가 말했다

각하!

각하의 자당 최미애의 산소를 저는 알고 있습니다 망월동 산소 말입니다

무슨 말씀입니까

― 고은, 「2030년 5월」 전문

제 2 부

1980년 5월 광주는 인간의 모든 감정이 촉발된 시공간이었다

오월을 이야기하는 방법
- 오월의 문화화

많이 알고 있는 것 같지만 잘 모른다. 가까이 있어서 너무 익숙한 것이 되어 버렸는지도 모르겠다. 그러나 한 해도 거르지 않고 오월은 인구에 회자된다. 긍정적으로든 부정적으로든 주목받는다. 사람들에게 오월을 이야기하려 하면 극단적으로 양분되는 반응을 본다. 긍정적이며 자랑스럽게 이야기하는 경우는 드문 반면 냉소와 함께 매우 적대적인 반응이 훨씬 더 신랄하다. 무엇이 이렇게 만들었을까. 오월이 매년 현재화하는 것은 오월이 지닌 정신 가치가 다양하게 변주되면서 오늘의 것이 되는 게 아니라 치고받고 싸우는 현장의 갈등으로 사람들에게 등장하기 때문이다. 현장의 갈등은 매우 뜨겁다. 적과 아군만 있다. 그 사이의 어떤 주장도 끼어들 틈이 없다. 배제되고 소진되어 버린다.[1] 그럼에도 불구하고 오월이 내장하고 있는 역사적 가치는 현장의 갈등으로 사라지는 것이 아니다. 그러기에 새로운 접근이 필요했다.

역사학적 지식이나 사회과학적 분석 방법으로 오월을 말하는 것은 사람들이 공감하지 않는다. 오월에 대한 이해에도 마음을 쓰려하지 않는다. 한 편의 영화에 열광하고 잘 쓰인 소설 작품에 기대서 사람들은 오월을 호흡하려 한다. 오히려 주제가 지닌 깊은 의미보다는 매개되는 의장이 사람들의 관심을 사로잡는 시대가 된 것이다. 오월의 역사를 이야기 하되 그 속에서 살아 숨 쉬던 사람들의 내면에 주목할 필요가 있고 사람들이 벌인 인생사와 더불어 나타난 수많은 이야기들을 '스토리텔링'하는 것이 필요했다. 오월이

---

1   아시아문화전당 조성사업이 옛 전남도청공간을 중심으로 2004년부터 시작되었다. 공사 진행 과정에서 '옛 도청공간을 어떻게 보존할 것인가'하는 문제를 놓고 오월 당사자 단체는 2007년에 점거 농성을 전개한 바 있다. 그런데 아시아문화도시추진단과 오월 3단체(유족회, 부상자회, 구속자회) 대표는 옛 도청 공간 중 오월과 연관하여 보존할 공간을 사전에 현장 답사까지 진행하면서 합의한 바 있었다. 구속자회 몇몇 회원들이 합의된 보존 공간 외에 별관을 철거한다는 사실에 반발하면서 농성이 시작되었고 오월 3단체 대표는 자신들이 합의한 사실을 밝히지 않은 것은 물론, 마치 5·18기념재단이 음모적으로 합의해 준 것처럼 뒤집어씌우면서 지역의 시민사회단체들을 끌어들여 시도민대책위원회를 구성하여 농성을 진행하였다. 그러다가 합의 사실이 밝혀지고 별관 철거 부분에 대한 부분 철거로 대안이 제시되면서 구속자회가 독자적으로 농성을 풀고 철수하게 된다. 그 뒤 오월 단체 간 공방이 벌어졌다. 한편, 2016년에 다시 옛 전남도청별관 점거 농성이 시작되었는데, 아시아문화전당 측이 오월 단체와 아무런 협의 없이 별관 공간에 유네스코아시아사무소를 유치하려 하면서 시작됐다. 항쟁 당시 상황실과 방송실 역할을 했던 옛 도청 본관 공간 등이 철거된 사실이 드러나서 오월 단체의 분노를 샀고, 리모델링 공간의 원형 복원을 요구하며 농성을 시작한 것이다. 리모델링 공간을 어떻게 할 것인지, 어떻게 복원할 것인지 등등에 대한 시민적 공론화 과정은 배제되었고, 농성에 참여하는 것과 무조건적 원형 보존에 찬성하는 것 외에 다른 의견은 배제되었다. '원형 복원을 어떻게 할 것인가'를 주제로 시민공청회를 열었지만 그것은 시민공청회가 아니라 농성 주체들의 집회나 대회였다. 비판적 의견은 묵살되었다.

지닌 거시적 의미를 놓치지 않되 사람들이 만든 거대한 역사가 어떻게 가능했는지를 각각의 시공간에서 벌어진 사건들을 들여다보면서 미시적으로 재구성할 필요가 있었다. 사람과 사람들이 만들어 낸 역사가 어떻게 각각의 내면에서 작동했을까 하는 것이 접근 방법인 셈이다. 이런 문제의식에 상응하는 『오월의 사회과학』과 『철학의 헌정』이 있다.

최정운의 문제의식의 일단을 들여다보자.

> 당시 시민들이 겪었던 내적 경험을 통해 우리의 사실로 접근하고자 하는 것이다. 증언을 통해 시민들이 가졌던 생각, 감정 상태 등을 감정 이입을 통해 재구성하는 것이다. 이를 통해서만이 우리의 경험, 우리의 사건으로서의 5월의 참모습이 드러날 것이다. …… 내적 경험으로 사건에 접근하는 방법론만이, 내면을 추적하는 사회과학만이 인간과 인간의 역사에 대하여 몇백 배 깊이 있는 이해에 다다를 수 있다.
>
> — 최정운, 『오월의 사회과학』

최정운의 접근법은 독창적이면서 독보적이었다. 지식 정보나 기왕의 방법론에 의지하지 않고 자신만의 관점과 방법론으로 오월의 진경을 펼쳐 보인다. 이를 통해서 그는 '절대공동체'라는 새로운 명명을 제시한다. 새로운 해석이다. 신선하다. 자신이 천착하고 있는 정치학의 담론을 논의의 배경으로 하면서 사람들의 내면을 깊이

파고든다. 구체적이다. 당시 현장의 시공간에서 벌어진 소소한 사건들을 촘촘하게 들여다보고 거기에서 의미 있는 담론들을 재구성한다. 한 편의 드라마를 보는 듯한 느낌을 자아낸다. 날짜별 전개 과정을 취하면서도 20일까지의 숨 막히는 '절대공동체'를 그려 내고, 21일 이후 변화된 상황이 낳은 내적 갈등과 변곡점을 차분하게 짚어 낸다. 목숨도 네 것, 내 것이 없던 상황이 끝나고 지식인과 민중 사이의 분화가 총을 매개로 나타났음을 놓치지 않는다. 그리고 오월 현장이 탄생시킨 담론들에 대해서 대한민국의 정치사와 더불어 살핀다.

김상봉은 오월은 한 편의 예술작품이라고 선언한다. 그의 서술은 철학적이면서도 문학적이다. 마치 한 편의 희곡을 쓰듯 오월의 인물과 사건들을 해석하고 재배치하며 재구성한다. 숨 막히며 아름답다. 그렇다고 오월의 참상을 외면하고 있지 않다. '예술이 된 오월'이라는 명명은 문화화한 오월의 면목을 잘 은유한 것이리라.

5·18은 사건 자체가 일종의 기승전결을 갖춘 드라마라고 할 수 있는 것이다. 그래서 5·18에 대한 사실적 기록을 볼 때마다 우리는 사실 자체가 주는 비극적 감동에 사로잡히게 된다. 그 감동은 단지 전체적 구성의 긴박함에서 비롯되는 것만은 아니다. 5·18은 그 열흘 동안 무수히 많은 사람들이 얽혀 만들어 낸 무한히 다양한 사건들을 품고 있는데 그 세세한 장면 하나하나 가운데 어떤 것도 그냥 버릴 것이 없다. 항쟁 참여자들의 증언

록을 펼칠 때마다 우리는 그들이 겪어야 했던 고통에 대한 전율스런 공포와 연민 그리고 가해자들에 대한 의분을 느끼게 되지만, 그런 처절한 고통 속에서 도리어 눈부시게 빛나는 용기와 순수한 도덕성을 접할 때마다 아득히 높이 치솟은 인간성의 숭고 앞에서 할 말을 잃는다. 하지만 5·18의 감동은 이런 교과서적 단순 구도로 다 설명되지는 않는다. 거기에도 갈등이 있고 이러지도 저러지도 못하는 딜레마가 있으며, 나약한 인간의 비겁과 유한한 지성의 판단 착오가 있다. 간단히 말해 인간의 삶에서 우리가 발견할 수 있는 거의 모든 곤경과 그 곤경 앞에서 흔들리는 인간이 있는 것이다. …… 그러니 객관적이고 형식주의적인 관점에서 보든, 리얼리즘적이거나 표현주의적인 관점에서 보든, 아니면 수용미학적 관점에서 보든 간에 5·18은 모든 면에서 어느 하나도 빠짐없이 완벽하게 우리를 형언할 수 없는 감동으로 밀어 넣는 예술작품이라고 할 수 있다.

— 김상봉, 『철학의 헌정』

그렇다면 오월을 어떻게 이야기할까? 어떻게 해야 진부하고 식상하지 않을까? 국립5·18민주묘지에서 치르는 기념식만이 오월로 회자될 따름인데 그것은 대체로 형식적이다. 그럼에도 불구하고 이 국가적 애도를 통해 마음에 한 점 성찰의 기운이 감돌 수 있게 한다면 세월이 한참 흐른 오월일지라도 생동하게 된다. 이 생동을 통해서 현재에 대한 성찰이 있게 될 것이다.

『언어의 기원에 대하여』에서 헤르더는 성찰에 대해 무게 있게 진단한다.

> 인간은 자신의 영혼의 힘이 강해질 때 성찰을 하게 된다. 그러면 영혼의 힘은 모든 오감을 통해 흐르는 감성의 대양 속에서, 콕 집어 말하자면 하나의 흐름을 분리하여 그것을 잡고 그것에 대해 정신을 집중하고 그것을 기억하도록 의식한다. 자신의 감성을 스쳐 지나가는, 부유하는 꿈의 이미지들에서 그는 각성의 순간에 집중하게 되고 특정한 심상에 머물러서 그것을 밝고도 평온한 의식 속에 담아 어떤 기호를 부여하고 특별히 저장하여 이 대상물이 다른 것과는 구별될 수 있도록 하면서 성찰하는 것이다.
>
> — 요한 고트프리트 폰 헤르더, 『언어의 기원에 대하여』

성찰이 쉽지 않지만 그것은 한 사람의 영혼을 바꾼다. 오월이 대한민국의 역사를 바꾼 것처럼, 그리고 대한민국의 공동체를 바꾼 역사의 주인이 바로 1980년 오월 광주 사람들이었던 것처럼 오월을 오감하는 한 사람이 있을 때 새로운 오월이 시작되는 것이다. 쉽게 말하자면 오월의 역사를 식상한 것으로 만들지 않아야겠다는 문제의식이며, 참담과 숭고가 한 몸에 있는 역사적 사건으로 내면의 울림이 있도록 잘 전승해야겠다는 각오이고, 그 울림이 일시적일지라도 성찰되어 영혼의 힘으로 작동되었으면 하는 바람과 함께 항상 반복될지도 모르는 참상에 대응하는 감성으로 자리 잡기를 기대해 본다는 것이다. 1980년대라고 하는 세대적 시기를 묶음 처리 할 수 있는 것은 5월 27일 새벽에 울려 퍼진 "우리를 잊지 마세요"라는 숨 막히는 부름에 결국 인간 본연의 감정들이 잔뜩 웅크리고 있다가 마그마처럼 터져 나온 것이 다름 아닌 1980년대였기 때문이다. 그러므로 이 성찰과 감성은 멈추고 끝나 버린 흘러간 옛 노래가 되어서는 안 된다.

기억은 주체적이고 선택적이다. 각오와 의지가 필요하다. 자생적 삶은 사고를 갖춘 목적 있는 삶과 어우러져서 각자를 한 인간으로 실존하게 한다. 인간은 언제든지 어떤 프레임에 갇히게 되고 그 프레임은 서슴없이 평범한 한 인간을 괴물로 만들어 버린다. 지극히 평범한 얼굴로 괴물은 우리 안에 내재해 있다. "내 안에는 두 마리의 늑대가 살고 있는데 한 마리는 음흉하고 포악하며 잔인한 놈이고, 한 마리는 정직하고 배려하며 공감하는 놈인데 어떤 놈이 이길 것인가? 내가 열심히 밥을 먹이는 놈이 이긴다." 우리는 항상 우리의 양식을 가려야 한다. 인간다움은 거기에서 비롯한다. 역사는 인간다움의 기록이자 인간다움이기 위해서는 무엇을 하지 말아야 하는가에 대한 기록이다. 그리고 매우 훌륭한 도구로서 예술이 있다. 사람살이의 그릇을 담은 것이며 사람살이의 그릇에 무엇을 어떻게 담았는가를 궁금하게 만들기도 한다. 김상봉이 오월을 하나의 예술작품으로 재구성하고 있는데 그것은 그리 낯선 것이 아니다. 오월 현장이 이미 예술 한마당이었다. 기승전결의 구조로 맞아떨어진다.

　5월 15일~16일의 '서막'이 있고, 18일 전남대 앞에서의 만행과 그에 맞서 저항을 시작하면서 시작되는 '기'가 있고, 발포로 인해 희생자가 나오면서 스스로 무장하는 '승'이 있으며, 전남도청을 중심으로 자치공동체를 이루었던 '전'이 펼쳐진다. 그리고 27일 대단원의 '결'이 드러난다. 시작과 끝이 명확한 하나의 극이다. 각각의 구성에는 숱한 사건이 벌어지면서 그 내부에서의 기승전결 또한 드라마틱하다.

　그리고 노래가 불리고 시가 지어진다. 애국가와 아리랑은 대표곡이다. 늙은 군인의 노래는 개사되어 불리고, 심지어는 귀에 익은 군가들을 개사하여 시민군들이 부른다. 개사된 아리랑도 불렀다. 항쟁의 현장에서 혜성같이 등장한 전옥주는 매우 뛰어난 예술가였다. 참혹의 현장을 적나라하게 전달하면서 그녀는 사람들의 심금을 울렸다.

> 나를 버리고 가시는 시민 여러분
> 십 리도 못 가서 후회하게 됩니다
> 꽃같이 어여쁜 우리 형제들은
> 무자비한 계엄군에 끌려서
> 죽음으로 떠나가고 있습니다
> 　　　　— 전옥주가 즉석에서 개사하여 스피커를 타고 불린 노래

21일 계엄군이 옛 전남도청에서 외곽으로 철수한 뒤 분수대 광장에서 벌어진 궐기대회는 한 편의 마당극과 같은 구성을 보인다. 지금에서야 이렇게 말하는 것이 타당할 것이다. 그 끔찍하고 두렵고 혼란스럽던 상황을 어떻게 한 편의 마당극의 구성을 갖추었다고 말할 수 있겠는가. 그러나 의도하지 않지만 무릇 역사적 사건은 대체로 아름다움의 의장을 갖추고 전승된다. 그만큼 미적 요소 또한 사건 자체에 깃들어 있는 것이다. 오월이 그렇다. 궐기대회에서는 창작된 시가 낭송되었다.[2] 오월 현장은 물론 오월 이후 수많은 시인이 오월을 노래하였다. 서사화하였다. 연극과 영화가 만들어졌다. 그림과 노래가 그려지고 불리었다. 1980년대가 그랬고 진상 규명과 책임자 처벌로 오월이 달려갈 때도 예술은 앞장서거나 함께 어우러졌다. 그러므로 오월을 전승하는 데 있어서 예술이야말로 제격이다. 해마다 쓰인 오월시는 시인의 숫자만큼이나 다양하게 충동적이다. 융융한 소설은 단편에서부터 장편에까지 대단한 서사를 이루고 있다. 서사의 구성과 지향하는 주제의식도 풍요롭다.[3] 그러므로 시와 소설 작품을 중심으로 해서 다양한 장르에 풀어진 오월의 역사를 당면의 감각으로 재구성해서 사람들이 호흡하도록 하는 것이다. 스토리텔링이 적격이다.

---

2 이 책의 1부 99~100쪽 「광주시민장송곡」 전문.
3 5·18기념재단이 발간한 '5월문학총서'만 보아도 그 양상을 한눈에 살필 수가 있다. 5월문학총서가 담지 못한 작품들도 그 작품의 문학적 성취와 더불어 수량에 있어서도 엄청나다. 문학평론가 김형중은 5월문학총서 평론 부문에서 오월의 서사가 어떻게 풀이되고 있는가를 간명하게 진단하고 있다.

오월 현장의 다양한 문화예술적 형상은 참담을 딛고 오월운동의 핵심에서 재현되고 생동하였다. 궐기대회가 가졌던 극적 요소는 오월운동의 문화양식으로 재등장한다. 그리고 수많은 작품들이 창작된다.

「아아 광주여! 우리나라의 십자가여!」는 항쟁 직후 발표된 대표적인 5월시이다. 김남주의 「학살」은 5월의 참담함을 가감 없이 드러낸다. 무릇 시인은 5월을 노래했다. 소설가 역시 작품으로 오월을 재구성하였다. 임철우의 『봄날』은 기념비적인 작품이다. 그리고 30년이 지나서도 소설은 쓰였고 거기에 한강의 『소년이 온다』가 있다. 미술은 판화가 독보적이다. 오월 이후 민중은 구체적으로 등장하였고 문화예술은 사회 구성의 중심이자 주체임을 확인시킨 민중을 주체로 놓을 수밖에 없다. 노래는 운동권 중심이기는 했지만 새로운 가사 문법과 쉬운 곡조로 암암리에 널리 퍼져 나갔다. 주로 민주화운동의 현장, 시위와 집회에서 제창되었다. '임을 위한 행진곡'이 대표적인 곡이다. 연극은 박효선의 작업이 체계적이고 지속적으로 새로운 장을 개척해 나갔다. 「금희의 오월」과 「모란꽃」은 오월의 참상을 극적 완성도를 갖추면서 한국 연극의 흐름에 영향을 미치기도 하였다. 영화는 문화예술의 총체적인 역량을 전제로 하면서 다큐 형태의 소규모로 제작되었다가 상업적 성격을 수반하여 〈꽃잎〉이 대중적으로 등장한다. 그리고 〈화려한 휴가〉와 〈26년〉이 제작되고 대중들로부터 호평을 받는다.

이러한 의도가 성공하려면 매우 섬세한 접근이 필요하다. 치밀

할 필요도 있겠다. 오월의 통사와 거시사, 그리고 미시사를 함께 들여다볼 수 있어야 가능하다. 그런데 오월의 아카이브는 그 어떤 역사적 사건보다 풍부하고 다채롭다. 오월 이후의 메타 기록물도 대단한 분량으로 생산되고 유치되었다. 심미안을 기다린다. 1989년에 발간된 『광주오월민중항쟁사료전집』은 현장 사람들의 구술기록이다. 매우 소중한 기록물이다. 오월의 온갖 미시적인 이야기들이 모두 들어 있다. 참상과 숭고, 두려움과 용기, 슬픔과 분노, 환희와 공포 등 인간의 모든 감정들이 얼크러져서 드러난다. 직설적이며 구체적이고 감각적이면서 통증이다. 사람의 감정을 당시의 현장으로 즉각적으로 끌고 가 버린다. 오월의 전승을 위한 가장 소중한 기록물인 셈이다. 특히 거대 서사가 물러가고 가깝고 직접적이며 감각적인 것으로부터 주체를 확인하는 문화적 조류가 오월의 서사를 습득하는 데 적격이기도 하다. 그리고 이 현장 감정에 기념과 전승을 위한 당의성을 입힌다. 공동체가 지녀야 할 윤리적 가치를 제시하는 것이다. 악의 평범성을 제기하고 그에 대응하는 추체험적 감정을 끌어낸다. 프레임에서 빠져나올 심리적 거점공간에 대해서 주지한다.

상황을 전체적으로 바라보면서 당시의 프레임에서 벗어나 반성적인 사고를 할 수 있는 경우, 전체 프레임에 맞설 수 있는 또 다른 행위 프레임을 가질 경우(경로 의존성) 우리는 지배적인 프레임에 사로잡히지 않을 수 있는 어떤 틈을 확보할 수 있을 것이다. 그러나 너무도 사회적인 존재인 우리가 거대한 악의 프레임에 갇히지 않기 위해 할 수 있는 가장 확실한 행동은 '사전 예방'일 수밖에 없다.

— 죙케 나이첼·하랄트 벨처, 『나치의 병사들』

한 번의 대화와 문제 제기를 통해서 얼마나 많은 심리적 변화를 갖게 할 것인가는 확신할 수는 없지만 분명한 것은 감성적 접근이야말로 성찰의 계기를 제공한다는 것이다.

그리고 오월 이후의 오월운동사를 반드시 다뤄야 한다. 역사화한 오월 속에는 대한민국 현대사의 총체적인 국면들이 담겨 있다. '오월 문제 해결 5원칙'은 과거청산과 더불어 이행기 정의를 말할 때 규범이다. 과거 청산과 이행기 정의는 동전의 양면이다. 정략적이었든 국민의 힘이었든, 오월의 과거 청산 과정은 대한민국 현대사의 과거 청산을 의제화했고 대한민국의 역사를 비로소 대한민국 국민의 역사로 올려놓았다. 대한민국의 주인은 대한민국의 국민인 것이다. 과거 청산과 이행기 정의는 앞으로의 나라가 어떤 모습으로 변화해야 하는가의 지렛대이기도 하다. 그럴 때 복수와 용서의 문제가 드러난다. 사면은 국가폭력의 가해자를 공동체를 대신해서 국가가 내리는 용서다. 용서는 제대로 되었는가? 공동체의 문제를 개인이 어떻게 사유하고 어떻게 행동하는가가 문화적 품격을 구분 지운다. 교양과 지성을 가름한다. 경제력이 높다고 해서 문화적 품격이 반드시 높은 것이 아니라면 교양과 지성은 의지적 노력이 수반되어야 한다. 스스로 자기를 계몽하는 일은 타자가 되는 길이면서 재자기화하는 일이다. 오월운동사는 이와 같은 과정을 반성하게 하고 남은 과제를 선명하게 드러내 줄 것이다. 그러므로 오월의 성찰을 위해서 필수다. 현실정치의 정파들이 자신의 이해관계를 위해 자기만의 방식으로 오월을 요리하고자 하는 의도의 간파에도 요긴하다. 오월을 묵살하고 싶은 정파는 노골적이고, 오월에 편승하고자 하는 정파는 의뭉하고 교묘하다. 전자는 불필요한 갈등의 그물을 치고 오월이 걸려들기를 바란다. 긁어서 부스럼을 만들게 한다. 그리고 소진시킨다. 후자는 내면을 파괴한다. 그럴듯한 명분은 있게 마련이고 당면해서는 반드시 필요해 보이지만 일정 정도 시간이 지나면 오월의 내면이 곪아 있다. 고립되고 부분화되어 버린다. 오월에 대한 냉소와 거부감이 싹튼다. 양자는 앞서거니 뒤서거니 하면서 결코 오월을 대한민국의 건강한 역사적 교양으로 자리 잡도록 내버려 두지 않았다. 그것은 지금도 계속되고 있다. 이것에 대한 분별력은 쉽지 않다. 속아 넘어간 오월 당사자들이 흑과 백의 진실만을 무기로 해서 전승해야 할 오월의 가치를 뭉뚱그려서 외면의 덫에 빠져들어 가 버리기 때문이다. 그러므로 비판은 쉽지 않다. 그러나 성찰되어야 한다. 현실의 구체에서 비판적 감각을 키우고 합리적 이성의 건강한 자아를 양성하도록 해야 한다.

　문화예술은 대중에게 쉽게 다가갈 수 있는 매체이다. 오월이 주는 역사적 무게와 정신가치의 무거움으로 인해 대중들은 거리감을 둘 수밖에 없다. 그리고 민주주의의 한 중심적 도상에서 벌어진 사건이기에 정치성과 강한 진보적 이념성을 담보할 수밖에 없다. 그러나 오월은 이념적 사건이 아니라 새로운 이념을 만든 사건이다. 기왕의 진보적 관념으로 해석이 불가능하면서 인간의 보편적 가치를 담보하고 있다. 오월의 참상과 희생의 숭고는 진보와 보수의 이념을 능가하는 보다 근원적인 인류적 가치를 지니고 있기에 현실 정치에서 쉽게 매도할 수 없다. 왜곡과 폄훼는 아직 당대의 사건이면서 가해자이거나 방관자였던 일부 집단들이 생존하고 있는 데서 기인할 수도 있다. 이것을 극복하고 미래 세대에게 오월의 중심 가치를 기억과 계승으로 전승하는 데 있어서는 문화예술의 모습으로 재현되는 게 가장 수월한 방법일 것이다. 잘 알지 못하며 관심을 갖고 있지 않아서 망각의 대열에 서 있는 당대의 사람들은 물론 적극적으로 이해하려고 하는 자발적 계승자들을 위해서도 문화화는 필수다. 문화예술 작품은 계속 창작되어야 하고 작품을 통해서 오월은 성찰될 필요가 있다.

오월은 문화화해야 한다.

전승할 이야기로서 오월의 담론을 위하여
- 두 개의 봉우리들

　지난 역사를 기억하고 계승하고자 하는 일은 문화화의 모습을 띠게 된다. 참상의 역사이든 환호의 역사이든 특정한 사건을 기념하는 일은 문화적일 수밖에 없다. 이때의 문화는 국민 누구나가 특별한 의미 없이 보편적으로 향유하는 것이며 국가적 의례나 축제로서의 문화를 지칭한다. 또한 망각하지 말아야 할 역사적 참상의 기억과 계승을 위한 감각적인 매체로서의 문화 양식을 의미한다.

　특정한 사건의 정신과 가치를 계승하는 일은 우리 인류 사회가 지속될 역사로서 하나의 공동체를 존속해가는 데 필수적이다. 공동체는 사회 제도적 토대와 문화의 상부구조를 구성하여 오래 지속될 정신과 가치를 지키거나 계승하게 된다. 문화는 지난 역사를 기념하는 일의 양상이며 그 사회를 구성하고 있는 사람들의 총역량을 표현한다고 볼 수 있을 것이다. 그러므로 그 사회를 이루고 있는 다양한 계층의 존재는 다양한 문화 양상을 지니게 된다. 그런 만큼 문화는 일관되거나 일률적이지 않다. 역사적 사건과 연관된 특정한 문화가 피지배 세력의 저항 문화의 소산이라면 오랫동안 금기시되거나 배제된다. 설령 사건의 진실이 민족이나 한 국가 공동체의 정체성과 직결되는 것으로 규명되어 공동체 내에서 옳고 그름이 판별되었다고 하여도 국가적 차원의 기억과 기념은 갈등을 유발할 수밖에 없다. 특정한 사건의 당사자가 하나의 정치 세력으로서 공존하고 있다면 사건에 대한 해석과 의미 부여를 위한 쟁론은 필연적이다.

5·18민주화운동(이하 5·18)의 경우 그 진상과 참상이 백일하에 드러났지만 아직도 왜곡과 폄훼는 물론, 의례를 두고 집단적 쟁투가 벌어지고 있는 것은 문화의 이와 같은 성격과도 연관이 있을 것이다.[4] 누구에게도 자명할 것 같은 5·18기념식에서의 '임을 위한 행진곡'의 제창이 국가보훈처에 의해 거부된 것은 특별할 것 같지 않으면서도 그 이면에는 가해자인 신군부의 정치적 거점이 완전히 해체된 것이 아니라 우리 사회 내에 여전한 세력으로서 온존하고 있음의 반증이면서 역사 해석을 둘러싼 후세대들의 미묘한 쟁투가 개재돼 있음을 알 수 있다. 5·18이 지닌 민중항쟁적 성격이 국민 통합을 명분으로 한 보수 정권의 국가주의적 통합을 도모하고자 하는 정치 행태와는 매우 다른 이질적인 요소 때문일 것이다. 국가

---

[4] 국가기념식에서 '임을 위한 행진곡'을 둘러싸고 국가보훈처와 5·18 관련 단체를 비롯한 광주 지역 시민사회단체와의 갈등과 정치권으로까지 확대되어 한동안 벌어진 쟁투가 그 사례일 것이다.

의례로서 치러야 할 '민주주의 기념식'이지만 저항과 지속적인 투쟁을 소리 높여 제창하는 '임을 위한 행진곡'은 보수 정권으로서는 배제하고 싶은 문화적 의장일 것이다.

주지하다시피 1980년 광주를 중심으로 일어난 5·18은 그 명칭에서도 폭동과 사태를 거쳐 항쟁이자 민주화운동으로 변천 과정을 거쳤다. 5·18에 관한 명칭의 변천 과정은 한국 민주주의 역사와 궤를 같이한다고 봐도 과언이 아니다. 전두환을 비롯한 신군부의 집권과 몰락을 함께하면서 한국 민주주의의 구조적 변천 과정과도 궤를 같이하고 있기 때문이다. 5·18은 전두환을 비롯한 신군부가 광주시민을 제물로 놓고 권력을 최종적으로 장악하기 위해 초유의 학살 만행을 저지른 사건이다. 박정희의 죽음 이후 민주화를 갈구하던 전 국민의 열망을 극단적인 무력을 통해 압살해 버린 상징적인 사건이기도 하다. 그러나 광주시민은 백주대낮에 끔찍한 폭력만행을 당하면서 도망치거나 뒤로 물러서지 않았고 급기야는 한 번도 현현하지 않았던 절대공동체를 이뤄 버렸다. 10일간의 짧은 시간이었지만 '100년이 단 며칠 만에 지나가 버린'[5] 사건으로서 한국현대사의 전개 과정에 큰 족적을 남겼다. 1980년 5월의 광주가 기억되고 계승되어야 하고 기념사업으로서 지속되어야 한다면 한편으로는 극단적인 폭력 만행의 참담함을 기억하는 일일 것이며 다른 한편으로

---

5   이영진의 시, 「백 년이 단 며칠 만에 지나는 것을 보았다」 부문, 『오월문학총서 1 시』, 5·18기념재단, 2012.

는 타인의 고통을 목격하면서 그 고통 쪽으로 몸을 나아가게 하였던, 그래서 타인의 목숨을 지키기 위해서 아무런 대가 없이 자신의 목숨을 걸었던 숭고한 희생정신을 계승하는 일일 것이다.

5·18에 대한 기억과 계승은 이후 자생적으로 문화화의 과정을 거쳤다. 5월 27일 이후 '살아남은 사람들'과 '윤리적 수치심을 견딜 수가 없었던 사람들'에 의해서 5월운동으로 전개되었다. 5월운동은 폭력 만행의 진상규명 요구에서 시작하여 끔찍한 학살의 책임자 처벌 투쟁으로 발전하였다. 그 과정에는 외신 기자들의 현장 사진과 국내 사진 기자들의 영상이 암암리에 퍼지게 된 것도 일조했다. 1980년 5월 27일 새벽, 신군부의 치밀한 작전에 의해 광주시민의 항쟁은 일단락되었지만 근본적인 저항은 끝난 것이 아니었다. 신군부의 극단적인 폭압에 의해 누구도 공식적으로 발화할 수 없었지만 1981년 5월 18일, 희생자를 위령하고자 한 추모 행사가 시도되었다. 망월묘지에 모인 유족들을 분리하고 연행하였지만 이때부터 시작된 추모의례는 5월 27일의 연장선에서 저항의 불씨로 살아 움직였다. 소극적 추모 형태였지만 유족 중심으로 진행되는 5월 18일의 추모의례는 신군부의 집권 정당성에 파열음을 내는 것이었다. 1980년 5월 27일 이후 5월운동이 시작될 수밖에 없는 요인이다.

5·18의 진상 규명과 책임자 처벌을 요구하는 투쟁은 개인의 결단을 전제로 격렬할 수밖에 없었다. 목숨을 걸고 구속과 핍박을 감당해야 했다. 5·18을 겪은 문화예술도 내용이나 구현에서 5월운동의 현장과 함께하였다. 추모 의례와 거리 투쟁의 현장에서 직설적

이지만 재현과 형상화로 자신의 역할을 수행하게 된다.

1980년 5월 이후 인륜의 기초로서 제사인 추모 의례마저도 국가권력은 차단하고 금지시켰기 때문에 5·18을 추모하고 기억하는 일은 피해당사자 가족에게도 그 자체가 하나의 '5월운동'이었다.[6] 5월을 기억하고 계승하기 위한 기념사업은 출발 자체가 사건의 정당성을 확보하는 것에서부터 공동체의 윤리적 주체가 누구인지를 확정하는 투쟁의 과정이었던 셈이다. 그리고 이와 같은 과정은 곧 기억을 재생산하기 위한 과정이라고도 할 수 있을 터인데 현장을 제대로 알리기 위한 동기로부터 출발하여 항쟁의 정당성을 밝히려는 노력으로 이어졌고 이는 다양한 문화적 매체를 통해서 예술적 형상화로 이어졌다. 5·18의 예술적 형상화는 5·18을 기억하기 위한 현장에서 자생적으로 전개되면서 5·18을 몰랐던 국민들에게 진상 규명과 책임자 처벌의 당위에 대한 중요한 심리적 동기로 작동되었다. 그리고 법률로써 5·18의 성격이 명확해짐과 동시에 기념사업이 본격적으로 전개되기에 이른다.[7]

5월운동의 한 영역으로서 기억투쟁의 일익을 담당하며 국민의 5

---

[6] 1980년 5월 27일 이후 1981년 5·18민주화운동 추모식부터 5·18민주화운동 관련 유족과 부상자 등을 포함하여 민주화운동 세력이 전개한 5·18 진상 규명과 책임자 처벌을 위한 운동을 통칭하여 '5월운동'으로 논의를 전개하고자 한다. 초기 5월운동에서 유족들은 전위 역할을 감당하였다.

[7] 1988년 국회5공 청문회가 끝나고 나서 노태우 정부는 5·18을 민주화운동으로 규정하고 5·18민주화운동 피해자 보상법을 제정한다. 1995년 5·18특별법과 1997년 국가기념일법으로 5·18의 법률적 성격이 확고해진다.

월 감정 형성에 기여한 5·18민주화운동 관련 문화예술(이하 5·18 문화예술)은 5월운동의 전개 과정과 한 몸이 되어 그 자체로 5·18 의 역사가 되어 갔다.

문화예술은 정략적 의도에 따른 왜곡과 폄훼를 차단하는 데 효과적인 감성 자극 매체이다. 시와 소설을 기초로 하여 다양한 영상 매체를 통한 메시지는 충분한 역할을 할 것이다. 5·18이 지니고 있는 사건의 전개 과정과 시공간에서 살아 움직였던 사람들의 내면은 이미 예술적 양식과 심미적 요소를 무한하게 내장하고 있기도 하다. 그리고 5월운동으로 전개된 역사적 과정 속에서도 문화예술은 매우 중요한 역할을 담당한 바 있다. 문화예술을 통한 5·18의 재의미화와 정신 가치의 형상화는 새로운 세대의 문화양식에 접속하여 미래로 지속될 역사적 가치로서 5·18을 풍부하게 해 줄 것이다. 5·18이 내장하고 있는 사건으로서의 문화예술적 형식과 격렬한 시공간에서 살아 움직였던 현장 사람들의 희생적 상호 연대, 도덕적 용기에 관한 이야기들은 그 자체로서 풍부한 무한 텍스트이다.

5·18이 펼쳐 보인 '절대공동체'는 인류가 이뤄 온 당대 시점의 이론으로는 해명하기가 난감한 것이었고 형언 불가능한 사태이기도 했다. 기왕의 대한민국의 관습을 일거에 무너뜨린 사건이었고 그것은 새로운 감정 구조를 잉태했다. 응축적으로 발산한 개인의 감정 유로는 '백 년을 단 며칠 사이에' 드러내 주었지만 그러나 순식간에 사라져 버렸다. 그리고 다시 공동체의 일상은 기왕의 제도와 규범 사이에서 자기 정체성을 재구성하는 데 실패하고 복잡한 감

정 구조를 형성해 갔다. 세간에 떠도는 5·18의 왜곡은 우리 사회의 지체된 문화적 감정 구조에 기반하고 있다. 그것은 논리가 아니며 이론도 아니다. 사유에 기반하지 않은 우울증의 증세일 뿐이며 충동과 관음증적 혐오의 산물이라고 판단할 수 있겠다.

5·18을 역사화하여 정신적 지성을 풍부하게 키워 나가는 것은 문화적 매개를 통하거나 성찰을 통해 내면화하는 것이 중요하다. 그런데 문제는 사회 제도적 기억 장치와는 별개로 개개인의 문화 교양은 우여곡절을 거친다는 점이다. 한 사회의 문화적 교양은 사회를 이루고 있는 개개인 감정 구조의 용광로이면서도 각자의 문화 역량의 내용과 형식의 총체로서 모습을 갖춘다.[8] 개인의 감정 구조는 그 사회가 도달한 문화 총량이 다양하게 내재되어 규범적으로나 보편적으로 틀 지워질 수밖에 없다. 문화예술의 5·18이 여전히 미치지 못하는 적대적 배타성이 온존해 있을 수 있다는 것이다. 부분적으로 5·18은 다가올 미래의 긍정적인 역사 상징으로 개인의 문화적 교양에 영향을 미치기보다는 여전히 '불온'하고 '불편'한 감정을 동반한다. 5·18을 붙잡고 있는 시대착오적인 주장과 선동은 어째서 자꾸 자행되는 것인가? 정략적 도발이 없지 않더라도 그에 반응하고 수용되는 양상은 적극적이다. 삶의 틀이 남북 분단에 엮인 전쟁 전후세대를 차치하더라도 분단의 맹점을 이용하여

---

8 김명희, 「한국 이행기 정의의 감정동학에 대한 사례 연구」, 『기억과 전망』 2016년 여름호 통권 34호, 71쪽.

5·18 사건 현장을 전도시킨 이미지 영상에 유혹되는 미디어 세대들은 줄어들지 않고 있다.

짧은 근대를 경과하면서 어떤 식으로든지 다리를 건넌 공화국의 국민은 충분히 벌거벗겨졌다. 부끄러운 주체는 반성을 통해 자신이 목격한 공동체적 사건에 대해 실감하며 새로운 연대의 감정으로 나아가야 한다. 그럴 때 지난 과거는 수치에만 머물지 않고 공동체적 윤리에 대한 성찰로 이어지며 정의로운 문화적 감정 구조가 형성된다. 그러므로 하나의 사건에 대한 끝맺음은 의미가 있다. 과거 청산은 미래의 새로운 문화를 낳는 이행기를 촉진할 것이며 자신과 사회적 수치를 정면으로 직시하는 과정을 통해서 건강한 통념과 관습의 힘으로 전환될 것이다. 이 경로는 우여곡절을 겪는다. 벌거벗겨진 몸을 감추기 위해 몸부림치는 시대착오는 우울증으로 재차 몸을 숨긴다. 환한 경계를 자기의 것으로 내재화하지 못하는 데서 혐오의 관음증이 음습하게 퍼진다. 남북 분단이 여전한 상태에서 오로지 양극단의 유령을 자기 생존 기반으로 삼으려는 집단이 버젓한 것도 역사가 감당할 우려의 몫이며 일베(인터넷 사이트 일간베스트 셀러의 약칭)들처럼 기형적으로 자기 노출을 일상의 과업으로 여기는 가상공간의 청년세대들도 곡절의 한 형상이다.

환언컨대 5·18기념사업의 정립 과정이 한국사회를 구성하고 있는 구성원들 간의 내적 경쟁과 갈등 과정을 수반하였고, 그 과정은 아직 끝나지 않았다고 봐야 한다. 국민적 통념으로 5·18은 되돌릴 수 없는 민주화운동이다. 그러나 '광주'만의 지역에 제한하여 의

도적으로 배제와 고립의 정치 공학을 지속하는 움직임을 차단하는 일은 성숙한 문화 교양의 몫이다. 5·18을 기억하고 계승하는 일의 핵심 역량으로서 문화예술을 주목하고 문화화가 나아갈 길임을 밝히는 것과 이 길에서 저항 주체의 내면 구조를 살펴보고 그 정신적 가치를 어떻게 현재적으로 오래 간직하도록 할 것인가에 재차 질문을 던지는 것이 오월의 문화화를 위한 하나의 진입구를 살피는 일이 될 것이다. 이를 위해 다음의 구절을 음미해 볼 필요가 있다.

5·18기념재단 창립선언문은 5·18정신을 항쟁정신과 대동정신으로 규정하고 있다.[9]

---

9 5·18기념재단 창립선언문을 작성한 윤한봉은 5·18정신을 다음과 같이 설명하고 있다. "5·18항쟁을 기념하는 사람들은 5·18항쟁의 정신을 정확히 정립해야 합니다. 이 정신이 제대로 정립되지 않으면 한 차례 기념행사를 치르고 할 일이 없는 거지요. 무엇을 계승·발전 시켜야 하는가요? 올바른 계승을 위해서도 5·18정신이 무엇인지 정확한 정립이 필요합니다. 흔히 5·18항쟁의 정신을 '민주·인권·평화'라고 하는데요, '민주·인권·평화'는 보편적 가치입니다. 보편적 가치를 가지고 5·18정신을 규정하면 사실은 아무것도 규정하지 않는 것과 같습니다. 5·18정신이 '민주·인권·평화'라고 이야기하는 것은 5·18정신이 없다는 것을 반증하는 것입니다. 학살 만행은 분노를 촉발시켰고 분노는 저항의 정신, 항쟁의 정신으로 이어졌습니다. 저는 정신적 뒷받침 없이는 위대한 항쟁을 할 수 없었다고 봅니다." 그리고 그는 "무엇이 그토록 도덕적인 항쟁을 하도록 만들었을까요?"라고 물으면서 또 하나의 정신은 '대동정신'이라고 제시했다. "'먼저 가신님들과 같이 우리 모두 다 죽읍시다.' 이런 비장한 구호를 외쳤어요. '같이 죽자'고 울면서 싸우는 거예요. 서로 음식을 나누고, 솥을 걸고, 피를 나누었죠. 이 정신이 대동정신이었습니다. 대동정신은 세상 사람을 다 한 가족처럼 생각하는 정신이 대동정신입니다." - 윤한봉, 5·18기념재단 주최 5·18아카데미 특강, 〈5월정신〉, 2004년 5월 18일.

항쟁정신은 상상을 초월한 계엄군의 학살 만행에 맞서서 맨주먹에서부터 시작하여 돌멩이와 쇠파이프를 들고 저항하였으며, 급기야는 총을 들고 목숨을 걸며 계엄군에 맞서 저항한 광주시민들의 행동과 의지를 표상한다고 말할 수 있을 것이다. 계엄군의 폭력은 가히 살육작전 그대로였다. 몽둥이를 손에 쥔 채 M16소총과 대검을 이용하여 시위 여부에 상관없이 남녀노소를 가리지 않고 폭력을 휘둘렀다.

수백 명의 청년 학생들에 불과하였던 저항 세력은 5월 19일 이후 수천 명에서 수만 명으로 늘어났고 집단 발포가 있기 전날에는 수십만 명이 항쟁에 나섰다. 그리고 집단 발포가 일어나자 광주시민들은 즉각적으로 무장하였다. 시민들의 숫자와 방법을 놓고 볼 때 단순한 저항을 넘어 생사를 넘나드는 전면적인 항쟁이었다. 권력만을 목적으로 무고한 시민을 학살한 신군부에 맞서 이웃의 생명과 공동체의 수호를 위해 수단과 방법을 다해 목숨을 걸고 저항에 나선 용기와 행동은 항쟁정신의 표상이다.

이와 같은 항쟁 과정은 광주시민을 하나 되게 하였다. 직업과 신분의 차이를 넘어서 나이와 성별의 구분 없이 광주시민은 제각각 역할을 수행했다. 이웃은 가족이었고 가족은 광주시민 전체였다. 계엄군의 만행에 맞서 싸우는 청년들을 위해서 물을 떠 나르고 밥을 해서 날랐으며 피가 부족하여 생명이 위험한 부상자를 위해 헌혈에 나섰다. 21일 이후 금남로에서 철수한 계엄군이 광주시를 봉쇄하자 시민들은 부족한 생필품을 나누었고 자신만의 방법으로 서로를 도왔다. 대동정신은 극단의 폭력으로 인한 절체절명의 상황에서 광주시민들이 자연스럽게 형성한 공동체의 모습을 함축적으로 표현한 의미 규정이다.

항쟁정신과 대동정신은 당시 현장에서 어떤 모습으로 구현되었을까. 서양 사회과학의 다양한 선험적 이론을 수용하여 5월의 역사적 의미를 해석하고 담론화한 작업은 5·18이 이른 시간에 그 역사적 의의와 가치를 확보하는 데 지대한 역할을 하였다. 그러나 기존의 연구들은 다양한 개념으로 5월 담론을 내놓았지만 초월적이거나 서양의 유사 사건을 가져와서 단순 적용하는 한계를 내포하고 있다는 지적 또한 타당해 보인다.[10] 5월의 문화화와 공동체적 문화지성으로서 5·18정신을 가치정립하고 역사화하기 위해서는 이에 걸맞은 담론 구조가 필요하다는 문제의식이다. 5·18에 대한 연구를 사건의 밖에서 규정한 성과를 포괄하면서 그 한계를 넘어 사건의 내부에서 그 전개 과정을 추적하고 의미화한 담론이 필요하다.

말하자면 '이후'의 문화예술적 형상화와 재구성을 위한 5·18의 미시적 내면가치를 추적해 가는 새로운 담론이 필요하다는 점이다.

---

[10] 초창기 연구 단계에서 학자들이 광주항쟁의 발생 원인과 전개 과정 자체를 그 자체로서 사유하지 못하고 마르크스주의적 또는 종속이론적 사회과학의 개념들을 빌려 설명하려 했다. 이를테면 김홍명은 1990년 광주항쟁 10주년 기념 전국학술대회에서 발표한 논문에서 "광주민중항쟁은 자본주의 제 모순 속에서 그 질곡을 딛고 일어서려는 민중의 욕구가 그 원인으로 작용하였다."고 주장하고 있다. – 김상봉, 「그들의 나라에서 우리 모두의 나라로」, 『철학의 헌정』, 2015. 62쪽.

그런 점에 비추어 볼 때 최정운의 절대공동체론은 매우 가치 있는 연구 업적이다.[11] 기왕의 사회과학적 연구 성과를 전제로 하면서 미시적 오월 연구의 전환점을 제시한 최정운의 절대공동체 담론은 인간의 내면 구조에서 출발하여 다시 내면 구조로 돌아가는 흐름을 갖고 있는 문화예술의 기본적인 담론과 맞닿아 있기 때문이다.

획기적인 첫 번째 봉우리
– 최정운의 절대공동체 담론

하나의 공동체가 의식적 주체들의 모임인 한에서(?) 공동체를 가능하게 하는 내적 원리는 명시적이든 암시적이든 어떤 이념이나 이상을 통해서 분명하게 드러난다. 자기 자신만을 위해 좋은 것을 지향하는 것은 사적인 욕망일 따름이지만 자기뿐만 아니라 모두를

---

11 최정운은 '사회과학자의 시선으로 재구성한 오월광주의 삶과 진실'이라는 부제를 붙인 『오월의 사회과학』이라는 저서에서 다음과 같이 자신의 문제의식을 내놓고 있다. "외관으로서의 사실을 지나 시민들이 겪었던 내적 경험을 통해 '우리의 사실'로 사건에 접근하는 것이다. 말하자면 증언을 통해 시민들이 당시 가졌던 생각, 감정 상태 등을 감정이입을 통해 재구성하는 것이다. …… 어쩌면 이러한 방법론은 확실성의 보장도 없고 그야말로 밑도 끝도 없다는 문제점을 인정하지 않을 수가 없다. 그러나 인간을 물질적 이해관계로 판단하거나 외부에서 관찰한 모습으로만 이해하려는 유물론적 방법론이나 행태론적 방법론보다는 이러한 내면을 추구하는 사회과학만이 인간과 인간의 역사에 대하여 몇백 배 깊이 있는 이해에 다다를 수 있다고 확신한다." – 최정운, 『오월의 사회과학』, 오월의 봄, 2012. 24~26쪽.

위해 좋은 것을 욕망할 때 그 보편적 가치의 표상은 이념이나 이상일 것이다. 나를 비롯하여 너도 좋은 것이기에 서로 다른 모두를 결속시킬 수 있다는 점에서 이념은 어떤 공동체를 구성하는 원리가 될 수 있을 것이다. 이런 측면에서 5·18 당시 현장에서 벌어진 사태를 구체적인 근거로 하여 거기에서 비롯된 이념과 이상의 기본 원리를 찾아보는 것은 우리 모두의 이상으로서 5·18을 받아들이는 데 주요한 첩경일 것이다.

최정운의 절대공동체론은 기왕의 모든 이론적 잣대를 폐기하고 5·18에 대한 독보적인 해석으로서 절대공동체론을 내놓는다. 5월 18일부터 20일 사이에 전개된 시민들의 저항을 묘사하면서 최정운은 절대공동체의 등장을 다음과 같이 규정한다.

> 시민들 간에는 구체적인 공동체가 이루어졌다. 그것은 전통적인 공동체와는 다른 절대공동체였다. …… 절대공동체는 군대와 같이 누군가 투쟁의 목적을 위해 개인을 억압하여 만든 조직이 아니었다. 그것은 폭력에 대한 공포와 자신에 대한 수치를 이성과 용기로 극복하고 목숨을 걸고 싸우는 시민들이 만나 서로가 진정한 인간임을, 공포를 극복한 용기와 이성이 있는 시민임을 인정하고 축하한 절대공동체였다. 시민들이 공포를 극복하고 투쟁하며 추구하던 인간의 존엄성은 이제 비로소 존엄한 인간끼리의 만남 그리고 바로 이 공동체 속에서 서로의 인정과 축하를 통해 객관화되었다. 절대공동체에서 시민들은 인

간으로서의 정체성을 찾았고 그들은 다시 태어난 것이다.[12]

그러므로 5·18에 대해 서양의 실증주의적이고 구조주의적인 방법으로는 뭐라 이름 붙일 만한 개념이 없는 것이다.

예술이 지닌 고유의 역할이자 특장이라면 대상의 새로운 이미지의 창조와 기왕의 은유를 전복하는 새로운 사유 방법과 사유 패턴을 제시하는 데 있을 것이다. 최정운의 '절대공동체' 담론은 역설적으로 5·18의 사건 전개가 하나의 예술적 전개 과정을 띠고 있음을 드러내 주고 있다. 5·18의 정신가치를 현재를 넘어 미래의 표상으로 호명하고 재구성하는 데 있어서 매우 유용한 담론 방법과 구성 체계를 지니고 있는 것이다.

그러나 최정운은 자신의 절대공동체 담론을 5·18 사건의 전체 현장의 시작과 끝에 충분히 적용해 나가지는 않는다. 5·18을 둘러싸고 전개된 1980년 당시의 신군부와 광주시민들의 담론 분석을 비교적 소상하게 시도하면서 새로운 인류적 사태에 대한 해명에 몰입하여 전인미답의 사건 해석에 연구의 핵심을 바치고 있다고 스스로 밝히고 있다.[13]

---

[12] 최정운. 위의 책, 171쪽.
[13] 『오월의 사회과학』의 구성은 다음과 같다. 1부 '폭력과 언어의 정치', 2부 '폭력과 사랑의 변증법 ; 절대공동체의 등장', 3부 '삶과 진실 ; 해방광주의 고뇌', 4부 '해방광주를 어떻게 해석할 것인가 ; 해석의 시도와 이론적 문제점'.

두 번째 깊은 성찰의 봉우리

– 김상봉의 서로주체성의 발현으로 5·18공동체 담론

    김상봉은 최정운의 연구 성과를 그대로 수용한다. '무엇이 5·18 광주를 하나의 공동체로 묶어 준 이상이었는가?'라고 물으면서 최정운의 담론을 더욱 심화하여 사건 전개 과정에서 사람들은 어떻게 자신을 절대적 상태에 내밀었고, 광주라는 도시는 어떻게 절대공동체를 현현한 것인가를 추적한다.[14]

    5·18의 독보적인 공동체로서의 표상에 대해서 서양의 이념으로는 제대로 설명할 수가 없다는 것이다. 김상봉은 그런 측면에서 최정운의 특별한 공헌으로 그가 5·18공동체를 절대공동체라고 명명한 데 있는 것이 아니라 도리어 뭐라 이름 붙일 수 없는 공동체라

---

14 "이런 사정을 처음으로 명확히 인식한 학자가 최정운이었다. 그는 5·18의 공동체를 절대공동체라고 이름 했다. 절대적이라는 수식어는 인간적인 것이 아니라 신적인 것 또는 상대적이고 유한한 것이 아니라 무한하고 초월적인 것에 대해 우리가 붙이는 명예로운 헌사이다. 최정운은 절대공동체라는 이름을 통해 이 공동체가 역사 속에서 현현한 어떤 초역사적인 계시였음을 분명히 했다. …… 절대적 공동체의 현현이라는 것은 다른 무엇보다 외적 필연성으로부터 벗어난 공동체 또는 비슷한 말이지만 외적 인과성이 낳지 않은 공동체라는 의미에서 붙일 수 있는 이름인 것이다. 구체적으로 말하면 자본주의 체제가 낳은 계급적 모순이나, 호남 지역에 대한 극심한 차별이나, 김대중의 구속 그리고 더 나아가 공수부대가 시위 진압 과정에서 보여 준 극단적 잔인함조차도 광주항쟁의 발생 배경이 될 수는 있지만 항쟁을 통해 생성된 시민공동체의 놀라운 도덕성과 연대성을 설명해 주지는 않는다. 이런 의미에서 그 공동체에는 외적 인과성으로부터 풀려나 있으니, 절대적 공동체라고 말할 수밖에 없는 것이다." – 김상봉, 「그들의 나라에서 우리 모두의 나라로」, 『철학의 헌정』, 도서출판 길, 2015. 64쪽.

는 그러한 곤경을 정면으로 직시하고 명확하게 드러낸 데 있다고 말한다. 그리고 김상봉은 어떤 사건이 역사적 보편성을 획득하는 것은 일회성과 개별성을 초월하여 표상할 만한 어떤 뜻을 가지고 이어 나갈 때 가능하다고 역설한다.[15]

그렇게 볼 때 5·18은 하나의 기적적인 사건으로 우리 앞에 다가선다. 편견 없는 관찰자의 눈으로 볼 때 사태는 세계사적으로 유례가 없는 모습으로 현현한다. 5·18 당시 신군부는 광주시민을 폭도로 몰았고 언론은 폭동으로 규정지어 고립시키고자 하였다. 그러나 현장에서 직접 목격했던 외신 기자들은 시민에 의한 폭동이 아니라 군인들에 의한 폭동이었다고 증언한다.[16]

학살의 잔혹상은 상상을 초월하는 것이어서 외신 기자들 가운데 베트남전쟁에 종군했던 경험이 있는 사람들은 광주의 참상이 베트남전쟁보다 더 참혹하다고 술회했다.[17] 이런 상황에서 무장한 광주시민들은 약탈과 무리 폭력을 저지르지 않았다. 이것이 기적이

---

[15] "'뜻'은 몰주체성과 일면적 객관성을 지니고 있는 이념이라는 표현의 상투성을 피하기 위한 것이며 5·18의 정신적 가치를 표현하고자 할 때 익숙한 기존의 개념들을 통해서 대상적으로 규정하는 잘못을 피하고자 하는 데 있다. 역사적 사건으로서 5·18이 담고 있는 일반적 특성과 함께 그것을 넘어서는 어떤 독보성을 확보하지 않으면 5·18을 제대로 기억하고 역사로서 이어 갈 수 없기 때문이다. 기억으로서 역사를 만난다는 것은 그 사건에 고유하게 실현된 뜻과 만나는 일이며 그 뜻을 통해서 역사는 나와 인격적으로 만남을 갖게 되는 것이다." – 김상봉, 위의 책, 42쪽.

[16] 테리 앤더슨, 「날아오는 총알을 피하며」, 『5·18특파원 리포트』, 풀빛, 1997. 24쪽.

[17] 심재훈, 같은 책, 「광주사건은 폭동이 아니라 봉기였다」, 67쪽.

아니고 무엇이겠는가. 한 개인이 인간의 숭고를 보여 주는 경우는 얼마든지 찾아볼 수 있으나 수십만 명의 시민들이 집단적으로 그렇게 처절한 존재 상황에서 그토록 놀라운 질서와 도덕성을 증명한 것은 역사적으로 유례가 없는 것이다. 5·18의 보편성이자 독보성이 여기에서 드러난다. 그리고 김상봉은 5·18의 경이로운 계시를 사건 현장 사람들의 내면으로 들어가 불가사이한 일들이 어떻게 전개되어 가는지를 천착한다.

"5·18공동체를 절대공동체라 부르는 것은 그 공동체가 유물론적 인과성으로 환원되지도 않을 뿐만 아니라 인간적 척도로도 설명할 수 없다는 뜻을 담고 있"[18]지만 "5·18 당시 해방광주를 가리켜 이 이름만큼 적절한 이름이면서도 동시에 쓸모 있는 이름을 찾을 수는 없을 것이다."[19]라고 말하면서 최정운의 절대공동체론이 생략해 버린 5월 27일의 마지막 항쟁과 자명한 패배를 감당하고자 했던 사람들의 내면을 정면으로 부딪혀 나간다.

항쟁 마지막 날 저녁, 더 이상 아무런 일도 할 수 없음을 절감한 조비오 신부가 흐르는 눈물을 주체하지 못하고 도청에서 빠져나올 때 시민수습위원회의 위원장이었던 이종기 변호사는 몸을 깨끗이 씻고 옷을 갈아입은 후 도리어 도청으로 들어간다. 그것은 자기가 수습위원장으로서 제 역할을 다하지 못해 이제 젊은이들이 죽

---

[18] 김상봉. 위의 책, 63쪽.
[19] 김상봉. 위의 책, 65쪽.

게 되었으니 그들 곁에서 마지막을 함께 맞이하겠다는 결의에 의한 행동이다. 강경파도 아니고 오로지 사태의 비참한 결말을 막고자 계엄군과 협상에 최선을 다했던 그가 자신의 목숨을 마지막 날의 '그들'과 함께 나누겠다는 것이다. 이것을 어떻게 설명해야 하는가? 이제 우리는 '그 뜻'을 말해야 하는 것이다. 절대공동체가 현현한 것은 무릇 수십만의 이와 같은 이종기 변호사의 용기와 행동이 있어서였지만 이야기는 마무리가 되어야 한다. 해석과 그 다음의 스토리는 오직 관객과 독자의 몫일지언정 드라마는 마침표를 찍어야 한다.

최정운의 탁월한 명명이 5·18 현장 사람들의 내면 구조를 파고들면서 '우리들의 사건'으로서 5월 담론의 사회과학적 독보성을 확보해 주는 것이지만 더 나아가 사람들의 내면과 그것에 의해서 충동된 절대공동체의 생성원리까지 살펴봐야 독보성에 대한 해석은 완성되는 것이다. 그것은 '나'의 자발성과 능동성을 통해 '너', 즉 타자의 부름에 응답하여 서로주체로서 하나의 공동체가 형성될 수 있음을 살펴볼 때 가능할 것이다. 김상봉의 서로주체성의 5·18공동체 담론은 이렇게 출현한다.

공동체는 여럿이 모여 하나의 집단을 이룬 것을 의미한다. 그러나 각각의 개인은 각자대로 생동한다. 하나의 인간이 아무리 공동체에 헌신한다 하더라도 존재는 자신의 것이며 느끼는 감정 역시 자신만의 것이기 때문이다. 그렇기 때문에 자신을 버릴 수가 없는 것이다. 그리고 이러한 과정에서 스스로 자신을 정립하고 공동체

내에서 자신을 형성해 가는 과정을 주체의 과정이라고 할 수 있다. 이때의 주체는 자발성과 능동성을 자신의 형성 원리로 갖는다. 공동체는 바로 이러한 주체들의 집단적 형태라고 할 수 있을 것이다. 주체는 자신만의 개별성을 지님으로써 주체성을 담보하고 이를 통해 '너'를 만나서 새로운 지평을 열게 된다. 공동체는 각각의 주체들의 개별성과 공통성을 담보하여 형성되는 사람들의 집단이라 할 수 있을 것이다. 공동체는 개인의 개별성과 함께 모두의 주체성을 보존하는 공간인 셈이고 이 공동체의 공간에서 서로 자유로운 존재의 형태를 서로주체성이라고 할 수 있을 것이다.[20]

공동체 속에서 각각의 주체가 만나는 과정은 주체성의 부정이 아니라 정립을 우선하며 이때의 만남은 서로주체성을 담보한 참된 공동체를 생성한다. 5·18은 그 시원에서부터 이와 같은 각자의 주체들이 서로주체의 형상으로 만나서 이룬 절대공동체의 모습을 띠었다.

김상봉은 최정운이 미처 설명하지 못한 절대공동체의 생성과 그 역사성을 5·18이 전개된 순차적 사건을 통해서 자신의 담론을 펼친다. 사건의 전개과정에 따른 서로주체성의 5·18공동체에 대한 설명은 다음의 순서대로 전개된다.

---

[20] 김상봉, 위의 책, 72쪽.

첫 번째, 용기

　5·18은 1980년 5월 18일 전남대 정문 앞에서 시작되었다. 계엄령의 전국적 확대 이후 전남대와 조선대를 비롯하여 광주 일원에는 공수부대가 투입되었다. 5월 18일 전남대 정문 앞에서 세계사에 유례가 없는 항쟁의 서막이 열리게 된다.

　총을 든 군인이 정문을 지키고 있었고 일찍 등교하던 몇몇 학생들은 팬티 바람으로 무릎 꿇려 있었다. 학생들은 뒤로 돌아서지 않았고 정문 다리 위에 앉아서 농성을 시작하였다. 군인이 투입되면 복종해야 했다. 대한민국의 역사는 물론, 가까이는 1979년의 부산에서의 상황이 증거한다. 그러나 전남대 정문 앞에 모인 청년 학생들은 이런 관습을 깨 버렸다. 자신의 희생이 전제되어 있음에도 그들은 물러서지 않았고 총칼을 든 계엄군에 맞서서 시위를 전개한 것은 물론, 시위의 확장을 위해 금남로로 나아갔다.

　용기는 근본적으로 외적 강제에 맞서는 자기 보존과 자기 긍정의 능력이지만 이를 위해서는 자기를 걸고 싸울 것을 결단해야만 하기 때문에 자기 부정의 능력이기도 하다. 이 자기 부정의 능력 때문에 용기는 정치적 삶의 지평에서 서로주체성의 가능 근거로 작용하는 것이다. 하나의 공동체 속에서 자기 긍정과 보존을 넘어서서 가장 우선적으로 자신을 위해 싸울 것을 결단한 것은 용기의 범주이다. 자신을 지키기 위해서 그 자리를 피하거나 복종해 버리면 그만이다. 그러나 자기에게 가해진 외적 강제와 폭력에 굴종하지 않고 그것에 맞서 싸울 수 있는 참된 용기는 어떤 이념에 기초하여 자신을 긍정하기도 하고 부정하기도 하는 것이다. 용기는 각각의 존재에게 감각적으로 서로주체성을 담보한 공동체를 지키기 위한 감정으로 생동하는 것이다.

두 번째, 약속

그렇다면 용기는 어디서 온 것인가? 그것은 약속이다. 전남대 정문에 모인 그들은 5월 16일 횃불 대성회에서 전남대 총학생회장 박관현이 던진 말에 대한 응답이다. 만일 휴교령이 내려지면 각 대학 정문 앞에 모여서 투쟁하고 12시 정오엔 도청 앞 광장에서 모여 투쟁하기로 했다. 그들의 용기는 이 약속을 지키는 데서 비롯한 것이다. 개인적 용기를 넘어서는 시민적 용기는 이념에 의해 규정되는 의지이다. 공동체의 성원으로서 수용한 보편적 이념의 현실태로서 약속을 수행하는 의지가 공동체적 용기인 것이다. 이념이 그 추상적 보편성을 실현하는 구체적인 과정은 약속에 의해 매개된 서로주체의 만남의 원리로 작동될 때이다. 참된 용기는 약속과 이념의 결합 속에서 생성되는 것이다.

세 번째, 타인의 고통에 대한 상상력

5·18의 순차적 진행 과정을 짚어 보면서 절대공동체의 생성 원리를 따져 보자면 처음에는 청년 학생들의 저항에서 촉발되었지만, 18일 지나 20일께는 수십만 명의 인파가 금남로 거리로 몰려 나와서 시위에 동참하였다. 공수부대원에게 처참하게 폭행당하며

끌려가는 청년을 돕기 위해서 장년과 여성들이 함께 나서게 된 것이 마침내는 소수의 저항을 넘어서는 정치적 공동체로서 항쟁이 전개된 것이다. 이때 거리로 나선 시민들은 한결같이 공수부대의 만행에 치를 떨면서 공포와 함께 속수무책으로 방관하였던 자신의 수치심을 극복하고 상상할 수 없는 비인간적 야만과 참혹한 고통에 맞서기 위해 나선 것이다. 이것은 타인의 고통에 응답하기 위해 죽음을 뛰어넘는 용기를 보인 것이며, 단순한 가족 공동체의 고통을 초월하여 참된 의미의 국가공동체를 만들 수 있는 공동체적 용기에 다름 아니다. 이와 같은 용기가 가능한 것은 타인의 고통을 느끼는 동질감을 넘어 능동적인 정신 활동이 요구되는 바로서의 상상력이다. 타인의 고통의 자리에 나를 놓아 보는 상상력이 공감 행동으로 나아가는 감정이다. 고통당하는 타인의 수동성에 나를 놓고 그 수동성을 능동성으로 전환하여 연대의 행동에 나서는 감정이 바로 서로주체성이 고양되는 감정인 것이다.

네 번째, 사랑

고통의 연대는 처음에는 정신적 차원에서 발생한다. 타인의 고통을 상상하는 것이 연대의 출발이다. 정신적 연대는 현실적 연대로 전환되어야 한다. 내가 타인의 고통에 대해 느끼는 공감 감정이 그가 느끼고 인지할 수 있는 방식으로, 외적으로 표현되어야 한다. 표현을 통해 고통에 대한 공감적 상상력이 발동되며 나와 그는 서로의 연대를 확인하게 된다. 5·18의 현장에서는 무수하게 많은 공감 행동을 발견할 수가 있는데 헌혈과 주먹밥이 대표적이다. 피를 나눔으로써 이웃을 죽음의 고통에서 구해 내고 구해 낸 이웃과 더불어 같이 살기 위해서 밥을 나눈다. 5·18 당시 시민들은 피를 나누고 밥을 같이 먹는 것과 더불어 어떤 절대공동체를 이룬 것이다.

국가가 참된 만남의 공동체가 되려면 씨알들 사이의 사랑이 추상적 구호에서 그치거나 아니면 선의의 기도에 머물러서는 안 된다. 그것은 반드시 구체적인 행위로 표현되어야 하는데 사물성에 매개된 행위여야 한다. 사랑은 사물이 됨으로써 살아 있는 몸을 얻게 된다.[21]

한편 김상봉은 헌혈차를 몰고 헌혈운동을 하러 다닌 정무근의 회상을 통해서 피와 밥과 더불어 참된 사랑과 연대는 그 현장에서 같이 싸워야 가능하며, 이 과정이 있어서야 사랑과 연대는 구체화된다는 자신의 사유를 밀고 나간다.[22]

서로주체성은 이와 같은 순차적 사건을 통해서 세계 인류사에서 보기 힘든 항쟁공동체로 현실화한 것이다.

5·18은 항쟁의 전면성과 인간 존엄을 지키기 위한 본능적 공감 행동으로 표현된 이루 말할 수 없는 세세한 사건들로 인해 각각의

---

[21] 김상봉, 위의 책, 92쪽.
[22] "사랑은 피를 나누는 것이며 밥을 같이 먹는 것이다. 그러나 시민들 사이의 참된 사랑과 연대를 위해서는 이것만으로는 부족하다. 왜냐하면 사랑은 마지막에는 같이 싸우는 것이기 때문이다. …… 만남은 한마디로 말하자면 사랑을 나누는 것이다. 자기의 전 존재를 걸고 위험에 맞서는 것이다." 김상봉, 위의 책, 95쪽.

사회과학적 이론 틀에 따라 다양한 해석과 이념 규정이 있을 수 있다. 그러나 5·18의 전개 과정이 보여 준 특이하고 이해 불가능한 사태를 5·18이 지닌 독보성으로서 '절대공동체'라 명명한 최정운의 이론적 성과는 새로운 전환이었다. 이와 같은 최정운의 이론적 성과를 수용하고 5·18공동체가 가능했던 내적 원리를 '서로주체성'이라는 개념으로 5·18공동체의 이념과 이상을 파악한 김상봉의 담론을 통해 5·18은 새롭게 탄생한다. 그리고 '이후'의 5·18을 위해 무한의 가능성으로서 새로운 담론의 길을 열어 주고 있다.

기억투쟁으로서 오월의 문화예술

어떤 사건을 기념한다는 것은 그 사건을 기억한다는 것이다. 이 때 기억은 자기의 일에 해당된다. 그러나 자기의 기억이 어떤 사건과 연관되어 타자와의 만남이 전제된다면 기억은 기념의 형태를 띠게 된다. 기념한다는 것은 그러므로 집단적인 기억 행위이자 기억하는 사람들의 세대에 국한하지 않고 다음 세대에게 전승한다는 의미를 내포하고 있다.

5·18을 기억한다는 것은 기념하고 전승한다는 의미이며 5·18의 역사적 의의를 계속 이어서 기억한다는 것과 같다. 그러므로 5·18을 기념하는 것은 같은 세대는 물론, 후세대들과 함께 기억한다는 것과도 같은 말이 된다. 이때 서로주체성이 호응한다. 김상봉은 "기억이 홀로주체의 일이라면 기념이란 같이라는 특성으로 말미암아 언제나 서로주체적인 활동이다."라고 규정하면서 "타인의 기억에 참여함으로써 서로주체인 우리가 되고" "우리가 되는 것은 하나

의 공동체에서 함께 느끼고 인식하며 공감하는 과정으로서 만남"을 이뤄 가는 과정이라고 말한다. 그러므로 특정한 역사를 기억한다는 것은 결국 그 사건을 통해서 특정한 사회의 상부 구조와 함께 구성체를 형성한다는 것이다.

이때 사회적 의례나 국가적 의례를 통해서 기념이 될 때 그 집단은 비로소 하나의 겨레를 형성하는 것이다. "아무것도 기념하지 않는 세대, 아무것도 기념하지 않는 집단은 더불어 겨레를 형성할 수도 없고 공동의 역사를 만들어 나갈 수도 없다. 우리는 오직 자기가 경험하지 않은 것, 그리하여 스스로 기억할 수 없는 것을 기념함으로써만 정치적 존재가 되고 역사적 존재가 되는 것이다."[23] 지금으로부터 120여 년이 지난 과거의 사건이지만 동학농민혁명을 우리의 겨레를 만든 사건으로 규정하고 역사로서 계승 발전시키려는 것은, 동학농민혁명이 지닌 정신가치를 통해서 현재의 우리를 확인하고 미래로 나아갈 가치를 추구한다는 의미와도 같을 것이다. 3·1운동이나 4·19를 기념하는 것 역시 민족의 독립과 시민적 자유라는 공동의 욕구에 기초하여 하나의 겨레, 하나의 시민공동체로서 우리 자신을 정립했다는 것을 확인하는 길이기도 할 것이다. 그러니 5·18이 지닌 숭고한 희생과 역사적 의의를 기념한다는 것은 함께 민주주의를 기초로 하는 국가공동체에서 하나의 겨레가 되었음을 의미하는 것과 다름 아니다.[24] 우리가 5·18을 기억하고

---

[23] 김상봉, 『철학의 헌정』, 도서출판길, 2015. 201쪽.

역사화하려는 이유는 '대한민국은 민주공화국이다'는 정언 명제에 대한 재확인임과 동시에 민주주의적 가치를 지속적으로 계승 발전시키겠다는 의지와도 상통한다. 그러므로 기념사업은 중요한 사회 양식으로 정립될 필요가 있다.

운동으로서의 기념사업

5·18 기념사업은 1981년부터 매년 5월 18일에 열린 추모 행사를 매개로 지속적으로 전개되면서 확대·발전 되어 왔다. 1988년까지 5·18 추모 행사는 정부에 의해 공식적으로는 금지되었기 때문에 추모 의례 자체가 하나의 투쟁이었다. 5월 행사로 불리는 추모 의례는 정치적 지형과 밀접하게 연관되는 것이어서 5공화국의 비합법기를 거쳐 6공화국의 준합법기, 문민정부 수립 이후의 합법기, 그리고 1997년 국가기념일 제정 이후의 공식의례기로 진전되었다.

각각의 정치 지형별, 혹은 시기별 변화가 수반되는 것이지만 망월묘지에서의 단순한 추모 의례에서부터 문화예술은 직간접적으로 창작되고 구현되었다. 1980년 초반에 시문학이 전면적으로 추

---

24 정근식, 「청산과 복원으로서의 5월운동」, 『5·18민중항쟁과 정치 역사 사회 4 - 5월운동의 전개』, 2007년. 161쪽.

모 의례와 병행하여 창작되고 때로는 독자적으로 시낭송회가 열렸고, '임을 위한 행진곡'으로 대표되는 5·18민중가요가 창작되어 추모 의례에서 불리고 널리 확산되었다. 이와 같은 무형의 추모 의례는 1987년 6월항쟁을 거치면서 1988년 이후부터는 추모제와 전야제로 분화하여 전개되기에 이른다. 이와 함께 5·18문화예술은 본격적으로 자신만의 정체성을 지니며 변화 발전해 나간다. 5·18 현장에서 발현된 시 창작과 표현 방식은 물론 그림과 노래, 상황극의 형태로 치열한 삶과 죽음의 현장을 경과한 5·18문화예술은 이후 추모 의례라는 기억 투쟁의 방식과 결합하여 새로운 문화예술의 장을 개척하는 데 배경이 되고 자양분이 되었으며 하나의 전형으로 정체성을 형성해 나갔다.

추모 의례가 투쟁의 성격을 띠며 전개되었던 1980년 초반에도 추모 공간으로서 장소성은 매우 중요하게 인식되었다. 1980년 5월 27일 이후 급조되었지만 희생자가 묻힌 망월묘지는 추모 의례의 핵심적 공간이고 진상 규명과 책임자 처벌을 요구하는 공간은 전남도청 앞 분수대 광장과 금남로 거리였다.

한편 기념사업은 1993년 김영삼 대통령의 5·13 특별담화에 의해 5·18 추모 의례 중심에서 이제 유형의 기념사업으로서 접근되기 시작하였다. 유형의 기념사업은 망월묘지와 전남도청 앞 광장, 상무대라는 핵심 공간을 중심으로 재구성되기 시작한다. 서로주체성의 현현으로서 5·18의 항쟁공동체가 1980년 5월 27일 새벽에 파괴된 이후로 국가는 '그들의 국가와 우리들의 국가'로 나뉘어서 치열한 항쟁의 역사를 이어 나간다.

신군부는 국가 권력을 장악하였다. 그러나 국민들로부터 동의와 신뢰를 얻지 못한 권력은 근본적으로 폭력적이다. 5·18의 진상이 공개되는 것은 권력 자체의 도덕성에 치명상을 입는 것이기도 하거니와 국민을 통치하기 위한 정당성마저 무너뜨리는 것과 같은 것이었다. 그리고 광주의 참상을 전해 들은 국민은 항쟁의 현장에서 자신을 희생함으로써 기나긴 역사의 흐름에 봉헌하고 역사화한 5·18의 부름에 응답하기 시작한다. 개인의 도덕적 결단에 의한 자기희생 방식으로 5·18의 참상에 응답하거나 개개인의 연대를 통한 단체를 통해 바야흐로 제2의 5·18항쟁을 전개한다. 5·18은 1980년 5월 27일에 끝난 것이 아니라 기나긴 서로주체성의 구현을 위한 도정을 다시 시작한 것이다.

5월운동은 1981년 5월 18일 추모식을 기해서 그 신호탄을 쏘아 올렸다. 자명하듯이 신군부는 5·18을 감추고 은폐하기 위해서 온갖 수단을 다 동원한다. 이제 부지불식간에 성스러운 민주주의의 제단이 되어 버린 망월묘지를 5·18의 기억으로부터 지우기 위해서 학살당한 희생자의 시신을 빼돌리려 온갖 책동을 자행하는 한편, 5월 18일 추모식 자체를 금지시키고 차단하였다. '국풍 81'은 5·18 1주기가 되는 시기에 국민들의 관심을 다른 곳으로 돌리기 위한 신군부의 문화전략의 일환으로 전개된 관제 전통문화 축제였다. 전국의 대학생 문화예술 서클들은 국풍 81을 거부하였다. 5·18의 참상을 지우기 위한 신군부의 노력에도 불구하고 이제 5·18은 제2의 항쟁공동체를 이루기 위한 기억투쟁의 길에 나선다.

광주민주화운동을 1980년 5월의 광주민중항쟁으로부터 시작하여 1997년 말 민주적 정권교체가 확정되기까지의 민주주의와 정의의 실현을 위해 투쟁한 역사적 운동으로 규정한다면, 이것은 1980년 5월 18일부터 27일까지 지속된 광주와 그 인근 지역의 열흘간의 투쟁을 지칭하는 광주민중항쟁과, 이 항쟁이 끝난 이후 이른 바 '광주학살의 진상규명'을 요구하면서 시작된 '5월운동'으로 구성된다. 전자가 1980년 5월 18일부터 27일까지 광주와 인근 소도시, 또는 전국 각지에서 진행된 시민들의 민주화를 향한 집단적 항쟁이었다면 후자는 광주항쟁에서의 역사적 희생을 추념하고 이 사건의 진상규명과 함께 광주항쟁의 이념을 계승하기 위한 장기적이고 주기적인 역사 성찰적 사회운동이었다.[25]

최정운과 김상봉의 어법에 따른다면 5월 27일 새벽, 미래의 5·18공동체(절대공동체)의 도래를 위해 자신을 희생한 사람들의 부름에 새롭게 자각한 '이후의 주체'들이 응답하기 시작한 것이다. 크게 보아 1980년 5월 이후 대한민국의 민주화운동은 모두 5월정신 계승이라는 맥락에서 진행되었으므로 통칭하여 모두 '5월

---

[25] 정근식, 위의 책, 137~138쪽.

운동'의 범주에 귀속한다 할 수 있겠다. 그러나 서로주체성의 발현태로서 5·18공동체가 역사적 맥락으로 동학농민혁명과 일제 강점기 3·1운동, 그리고 광주학생독립운동을 이어 4·19혁명과 같은 항쟁정신의 맥락을 잇고 있는 것이라고 할지라도 각각의 역사적 사건이 분절적 매듭에 따라 그 현현 방식과 과정이 다르듯이 5월운동 역시 한정적으로 범위를 좁혀서 어떻게 서로주체성이 발현되어 가는가를 해명하는 방식이 바람직할 것이다. 그러므로 5월운동은 5·18항쟁이 낳은 유가족과 부상자, 구속자들을 포함하여 각계각층의 시민사회운동 단체들이 진상규명과 책임자 처벌 등을 내걸고 전개한 일련의 민주주의를 위한 사회운동으로 규정할 수 있겠다.[26]

5월운동은 "광주항쟁을 짓밟고 집권한 군부 세력에 대한 저항을 통해 민주주의를 실현하려는 민주화운동의 일환이었고, 잘못된 과거로서의 1980년 시민 학살이 남긴 부정적 유산을 청산하고 올바른 역사를 복원하려는 과거청산운동이었으며 정치적 영역뿐 아니라 사회문화적 영역에서 광주항쟁에 대한 올바른 기억을 재생산하

---

[26] 5월운동 초기 5·18 관련 단체는 10여 개 이상 소집단 형태로 조직되어 전두환에 맞서 투쟁을 전개하였고 정치적 상황의 변화에 따라 5월운동의 조직 주체들의 변화가 병행되었다. 현재 5·18 단체는 5·18유족회, 부상자회, 구속부상자회 등의 3개 단체로 크게 분별되었다고 보면 된다. 참고로 5월운동을 조직적으로 전개한 단위는 초창기 '광주5·18민중혁명희생자 위령탑 건립 및 기념사업범국민운동추진위원회'가 있었고 '5·18진상규명과 광주항쟁정신계승 국민위원회', '5·18학살자처벌특별법제정 범국민비상대책위원회'가 있다. (나간채, 「5월 단체의 형성과 활동」, 『5·18민중항쟁과 정치 역사 사회』)

기 위한 문화투쟁이었다. 5월운동은 정치적 민주화와 함께 민족적 과제로서의 민족자주와 평화적 통일을 달성하려는 통일운동이기도 하였다."[27] 추모 의례에서 시작한 기억 투쟁이 자신의 몸을 형성하면서 새로운 정체를 갖는 운동으로 성장·발전한 것이다. 그리고 이들의 운동은 주로 5월마다 이뤄진 희생자 추모 및 기념 의례를 매개로 전개되었고 매 시기 정치적 현안과 결합되어 5월 문제 해결을 위한 각각의 의제를 제기하고 정립하는 활동으로 전개되었다.

1981년 5월부터 출발한 5·18 추모식은 비합법적으로 전개되었다. 전두환 정권은 추모식 자체를 불법시하여 주동자와 참가자들을 구속하거나 격리시켰다. 1987년 6·29 선언이 나오기까지 비합법적인 추모식은 계속되었다. 마침내 1988년에 이르러서야 5·18 추모식은 망월묘역에서 민주화운동 세력이 운집한 가운데 대규모로 치러졌고 추모식은 전 국민에게 방송되었다. 국회청문회를 통해서 참상이 공개되고 힘겹게 집권한 노태우 정부는 1989년 11월에 5·18의 성격을 민주화운동의 일환으로 일어난 사건으로 규정하기에 이른다. 1990년에 5·18민주화운동보상법이 제정되고 정치 상황이 급변함에 따라 5월운동 주체들은 5월운동의 전개 과정에 대한 평가를 통해 새로운 방향을 모색하기에 이르고 몇 가지 원칙을 정립하게 된다. '광주 문제 해결을 위한 5원칙'이 그것이다. 5원칙은 5월운동 주체들의 토론회와 시민공청회 등의 과정을 거쳐

---

[27] 정근식, 위의 책, 138쪽.

최종적으로 정리되어 발표된다. 진상 규명, 책임자 처벌, 명예 회복, 배상, 정신 계승을 위한 기념사업이 5원칙으로 정립되었다. 1997년, 12·12쿠데타와 5·18 관련 신군부 핵심 인사들이 재판에 회부되어 실형 판결이 내려짐으로써 이제 5월 운동은 그 중심축이 기념사업으로 이동하게 된다. 비합법적인 상황에서 치러지던 추모식은 법으로 금지되는 시기를 거쳐 마침내 성역화된 5·18신묘역에서 국가기념일로 제례되었다. 아울러 5월운동의 이름으로 전개된 기념사업의 내용도 현장성과 유격성보다는 기획성과 안정성이 강조되고 집회나 시위의 형태보다 문화적 공감과 축제적 성격이 더욱 강조되기에 이른다. 5월운동은 새로운 전환을 맞이한 것이다. 문화예술의 내용과 형식이 전면화할 수밖에 없게 된다. 5·18 현장에서 탄생한 5·18 문화예술의 스타일이 특수하고 특별한 것에서 보편적이고 관례화한 하나의 양식으로 재현되고 재구성되어 갔다. 5월운동 과정에서 어떻게 문화예술은 그 흐름을 전개해 갔는가.

기념의 방식, 기념의 장르

문화예술이 직접적으로 추모 의례와 기념사업의 일환으로 등장한 것은 1980년 6월 2일자 〈광주매일〉 신문에 게재된 김준태의 시 「아아 광주여! 우리나라의 십자가여!」가 효시일 것이다. 그리고 매년 5월 추모 의례는 시인들이 5월의 예술적 재현에 앞장서 왔다. 한편, 5·18 이전까지 우리의 문화예술은 대체로 서양의 사조를 수입하여 흉내 내는 수준이었다고 봐도 과언이 아닌데 문화예술 전반에 있어서 새로운 전환이 모색되고 등장하였다.[28]

5월운동은 진상규명을 요구하면서도 희생자들의 넋을 기리고 해원하는 성격을 띠고 문화예술은 기념사업의 영역에서 자신의 활동을 전개해 나갔다. 문학, 미술, 연극, 노래, 영화 등의 영역에서 다양한 작품들이 5·18의 재현을 우선하면서 추모와 기념 활동을 전개해 나간 것이다.

문학과 노래는 가장 먼저 추모 의례와 결합하면서 기념사업의 중요 장르로서 자기 역할을 수행하였고 미술과 연극은 독자적인 장소와 무대를 가지고 5·18의 영역을 개척해 나갔다. 대표적으로 '임을 위한 행진곡'은 문학과 음악의 만남을 통해서 태어난 5·18 문화예술의 성과라고 할 수 있을 것이다. '넋풀이'라는 주제로 시와 음악을 결합시킨 노래굿의 형태로 창작되어 5월 27일 전남도청에서 희생된 윤상원과 들불야학운동을 전개하다 세상을 먼저 떠난 박기순의 영혼결혼식에서 불림으로써 널리 회자되기에 이른다.

각각의 장르는 자신만의 실행 조직을 구성하고 추모 의례와 5월

---

[28] 최정운, 『오월의 사회과학』, 339쪽.

운동 과정에서 정신 계승을 위한 기념사업의 과제를 수행해 나갔다.

문학에서는 5·18을 겪은 문학 청년들을 중심으로 '젊은 벗들'이 조직되어 문학 강연과 시낭송운동을 전개한다. 또한 비합법 시기 5월운동으로서 추모제가 위령제 형태로 치러짐에 따라 추모시로 위령제에 참여하여 자신의 역할을 수행한다. 이후 추모 의례에서 추모시 낭송은 전형화되어 필수적인 양식으로 자리 잡아 갔다. 전남대학을 중심으로 문학서클 '비나리'가 조직되고 5·18 추모 기간이면 문학의 밤과 벽시운동이 전개되었다. 비나리는 집단창작의 방법으로 장편 서사시 「들불야학」을 창작하여 낭송회를 개최하고 발표한다.

1988년 광주전남민족문학인협의회가 결성되면서 5·18문화예술로서 문학은 좀 더 체계적으로 문학적 실천에 돌입한다. 추모 의례에 시 낭송으로 참여하는 한편 독자적으로 5월문학제를 개최한다. 5월문학제는 5월운동의 전개 과정에서 독자적인 양식을 갖추고, 5·18이 내장한 역사적 가치를 작품으로 천착하면서 한국문학의 변화 발전에 기여해 왔다. 1997년 5·18의 합법화 이후 5·18 문학은 지속적으로 5월문학제를 열고 재현과 미적 형상화를 꾀한 5월 시화전을 망월묘역에서 개최하고 있다.

미술은 가장 적극적으로 5월운동의 전개과정에서 역할을 발휘한다. 항쟁에 참여한 미술인들이 중심이 되어 창작에 있어 새로운 방법과 미학을 모색하면서 5월운동에 기여한다. 5·18 당시 현장에서 플래카드를 제작하고 차량이나 길바닥, 벽면 등에 구호를 쓰거나 선전물의 내용을 작성하는 일에 참여했던 미술인들의 경험은 매우 자연스럽게 미술운동의 새로운 장을 열었다. 창작 주체와 창작 향유의 대상이 달라졌고 창작의 매체가 새롭게 등장했다. 판화가 주요 매체로 등장했고 시민미술학교가 열렸다. 걸개그림과 벽그림, 그리고 만장이 새롭게 선보였다.

미술운동은 시각적 효과를 앞세워 5·18의 비합법 시기에도 대중들을 5월운동에 참여시키는 데 큰 역할을 수행한다. 특히 홍성담의 5월 판화 연작은 달력으로도 제작되어 5월의 참상과 숭고를 대중화하는 데 크게 기여하였다. 집회나 시위 현장에서 즉각적으로 대중의 투쟁에 참여하던 방식에서 1988년 이후 시기에는 체계를 갖춘 5월미술전을 개최한다. 금남로 거리와 전남도청 앞 광장을 전시장으로 하여 걸개나 벽화를 창작하기도 하고 5·18의 정신 가치를 주제로 한 회화와 조각, 만화 등의 매체를 활용하여 전시회를 개최한다.

5월음악은 노래운동으로 자신의 영역을 구축해 나갔다. 5·18 현장에서 확인된 노래의 힘은 이후 민주화운동에서 그 위력을 마음껏 발휘한다. 이제 운동으로서의 노래가 탄생하게 되는 것이다. 그 시초는 노래굿 '넋풀이'의 제작이라고 할 수 있을 것이다. 1982년 소설가 황석영의 주도하에 제작되어 세간에 알려진 노래가 '임을 위한 행진곡'이라고 할 수 있고 이를 계기로 대학 내에 다양한 노래패가 결성되기에 이른다.

광주·전남에서는 노래패 '친구'가 결성되고 오월의 노래가 본격적으로 창작되어 전파된다. 비합법 시기 5월의 노래는 5·18의 진상 규명과 책임자 처벌을 위한 집회 및 시위의 가장 강력한 무기로서 역할을 수행한다. 일상적으로 쉽게 접근할 수 있는 매체로서 노래가 특정한 사회적 조건과 역사적 상황에서 얼마나 확장적 효과를 갖는가를 명백하게 하였다. 그리고 5·18은 국악에도 영향을 미치게 되는데, 5·18을 주제로 한 임진택의 '오월광주' 판소리가 창작되고 국악 관현악곡과 거리굿 등의 작품들이 창작된다.

극(연희)은 5·18 현장에서 가장 치열하게 구현된 문화예술이며 그 자체로 5·18을 표상한다고 할 수 있다. 시민궐기대회를 기획하고 진행하면서 학살의 참담함과 희생의 고통을 함께 공감하도록 유도하여 항쟁의 정당성과 숭고를 이끌어 나갔던 극단 '광대'는 5·18의 문화예술적 상징을 표상하는 하나의 몸체였다고 말할 수 있을 것이다.

1982년 놀이패 '신명'이 결성되고 1984년에는 극단 '토박이'가 창단된다. 그리고 신명은 마당극 「일어서는 사람들」을 창작하여 무대에 올리게 된다. 「일어서는 사람들」은 5·18문화예술운동에서 극운동의 획기적 전환을 가져온 작품이면서 5·18의 진상을 그대로 재현하여 극운동에 강력한 영향을 끼쳤다. 극단 토박이는 「금희의 오월」을 시작으로 「모란꽃」 등을 창작하여 무대에 올린다. 극이 주는 효과적 방식일 수도 있겠지만 두 작품은 모두 5·18의 참상과 숭고를 그대로 재현하는 예술적 태도를 취한다.

5월운동 과정에서 탄생한 전국 각지의 극단과 연희패들은 민족극운동협의회를 결성하고 5·18정신의 외적 확산을 위해 극운동을 펼치고 있다. 극운동의 성장과 발전은 기나긴 5월운동의 역사와 함께 현장 속에서 이뤄져 왔고 1997년 이후 제도화된 5·18의 정신 계승을 위한 기념사업에서 자신의 장르적 특성에 맞는 역할을 수행하고 있다. 이후 살펴볼 5·18의 대표적인 기념행사로 자리 잡은 '전야제'가 이와 같은 극운동 역량의 성장과 총량의 발현태로서 변화 발전해 왔다고 해도 과언이 아닐 것이다.

5월운동과 더불어 현장에서 탄생하여 현장을 통해 발전한 5·18 문화예술은 현재에 이르기까지 수많은 시간을 경과하면서 제도화된 5·18 기념사업의 핵심적인 위상으로 자리매김되었다. 문화예술 영역에서 추모와 정신 계승을 위한 활동은 비합법기와 준합법기를 지나면서 독자적인 기념 사업의 형태로 자신을 정립해 나가고 한편으로는 5·18의 재현에 충실하면서 한편으로는 변화한 5월에 맞게 새로운 5월 문화예술의 지평을 확보해야 하는 과제를 안고 있기도 하다. 5·18이 일시에 드러내 주고 역사가 일시에 닫아 버린 절대공동체라는 인간 사회의 꿈이 불가능한 것이 아니라면 5·18 문화예술은 5·18이 내장하고 있으나 아직 건드려 보지도 못한 미지의 가치를 예지적 상상력을 통해 드러내야 할 것이다. 그것은 5·18 당시 현장을 다양하면서도 포괄적이고 세밀하면서도 심미적으로 기억하고 회상하는 데서부터 시작할 수밖에 없을 것이다. 앞서 언급한 대로 역사적 사건을 하나의 드라마라고 말할 수 있다면 이제 5·18이 예술적 형상으로 재구성되어 전승될 필요가 있을 것이다. 그 전승은 시대와 시대를 거듭하면서 과거를 헤쳐 왔고 현재를 이루며 미래로 나아가게 될 것이다.

오월의 예술 담론

5·18이 지닌 정신적 가치가 문화예술의 얼굴로 기념되고 계승되어야 한다면 사건이 담보하고 있는 감성적이며 서사적인 요소를 찾아보는 것에서부터 시작되어야 할 것이다. 이미 앞에서 5·18 당시의 사건 현장과 이후 전개된 5월운동을 검토하면서 사건의 문화예술적 흐름이 어떻게 전개되는지는 살펴봤다. 여기서는 5·18이 지니고 있는 서정과 서사적 요소를 찾아 문화예술이 된 역사로서 5·18을 재구성해 보고자 한다. 문화예술로 재구성하는 이론적 방법은 최정운의 절대공동체 담론과 김상봉의 서로주체성의 발현으로서 5·18공동체 담론이 내장하고 있는 상징과 은유의 서사 방식을 따라간다.

사건 현장에서 있었던 사람들은 실체적 몸으로 존재했다. 눈은 보았고 귀는 들었으며 가슴은 요동치고 심장은 벌떡거렸다. 일순간에 닥친 눈앞의 상황은 사람들의 감정을 단숨에 복잡하고 중층적이며 형언할 수 없는 것으로 휘몰아 갔다. 미시적으로 들여다볼 수 있는 현장 사람들의 감정은 그 자체로 시적 정조를 닮아 있음을 알 수가 있다.

극단적인 폭력을 목격하면서 느끼는 경악과 참담함, 타인의 고통에 맞서 저항하지 못한 인간적 수치심, 두려움에 몸이 움츠러들여도 행동에 나서게 된 분노로서 용기, 죽음을 목전에 두고서도 기꺼이 자신을 희생하고자 한 숭고의 감정이 문화예술로 표현된다면 비극적 서사와 낭만적 정동을 복합적으로 충동하게 될 것이다.

감정의 유로를 타고 전개된 행동은 사건을 이루고 서사를 만들었다. 거시적으로 보자면 5월 18일부터 시작되어 5월 27일에 마무리된 사건은 극적 구성을 이루고 있으며 그 안에 수많은 서사가 매우 독특한 양상으로 펼쳐지고 있음을 알 수 있다.

시민궐기대회를 통해 연극인과 미술인들이 직접적으로 문화예술적 방식으로 항쟁의 내용과 형식을 만들어 갔으며 시와 노래는 항쟁의 열기를 북돋우고 정당화하는 데 유력한 역할을 수행했음은 앞에서 살펴본 바와 같다.

5·18에 대한 새로운 명명은 단순한 관념에만 머무르지 않는다. 삶으로서의 은유는 인간이 존재하는 하나의 양식이다. 인간이 관계하는 것은 언어이다. 언어는 새로운 관계를 만들어 간다. 관계에서 태어난 사건은 새로운 사건으로 이어진다. 역사는 사건이다. 기억은 지난 역사를 회상하고 계승하는 데 필수적인 장치이다. 참담과 숭고는 기억으로 회상되어야 한다. 회상과 계승은 관념이 아니라 구체적인 몸체를 얻을 때 생동한다. 5·18이 담고 있는 사건으로서의 은유는 그 자체로 하나의 예술이었다. 예술이 사람들의 사건

을 담을 수밖에 없는 것이라면 사건은 사람살이의 온갖 것을 모두 담고 있을 터이다. 5·18은 인간과 인간 사회가 담지하고 있을 온갖 것을 모두 드러내 보여 줬다. 극단적인 야만이 있었는가 하면 신기루 같은 숭고가 있었다. 어느 날 등장할지도 모를 또 다른 5·18을 위해서 문화예술은 1980년 5·18을 재현하고 그 정신 가치를 재구성하여 확장해 나가야 한다.

최정운과 김상봉의 이론 구성은 5·18의 재현과 재구성, 정신 가치의 영속성을 꾀하는 데 있어서 재탄생할 문화예술을 활성화하는 데 주요한 의미 기준이 될 수 있을 것이다. 역사적 사건이 하나의 예술작품으로 표상될 수 있음을 5·18은 보여 준다. 끔찍한 참상과 속절없는 절망 속에서도 자신을 희생하는 인간적 숭고의 국면은 잘 짜인 한 편의 극과 같은 구성을 갖추고 있다. 시작과 끝이 명확하며 전개 과정은 다양한 서사의 형상이다.[29] 대서사극 속에서 문화예술의 각각의 장르는 힘차게 융합되어 분출한다. 격렬한 삶과 죽음의 현장에서 시가 지어지고 낭송되었으며 노래는 군중의 합창으로 감동의 물결을 이루었고 노래의 가사는 재창조되어 새롭게 시민들의 감성으로 피어났다. 그림은 대자보와 현수막을 꾸미는 데서 또 다른 미술 작품으로 재탄생했다. 예술의 형식이 지닌 틀이

---

[29] 소설가 임철우는 장편소설 『봄날』에서 날짜별로 인물의 등장과 사건의 출현, 스토리의 전개 등의 방법으로 5·18의 소설적 구성을 취하고 있다. 정찬 또한 장편소설 『광야』에서 날짜별로 소설을 구성하고 사건을 풀어 나간다. 5·18의 사건적 전개와 구성이 지극히 문화예술적이며 극적이다.

과감하게 깨지고 재구성되었다. 시민궐기대회는 완벽한 하나의 극이자 종합예술로서 한 편의 작품이었다.[30] 당시 궐기대회에서 낭독된 「민주화여!」라는 시는 서정과 서사, 그리고 판소리의 양식까지 담아 극적 구성으로 쓰였으며 시민들과 함께 낭송되었다. 또 나른 시는 「광주시민장송곡」인데 현장에서 시민들이 자발적으로 창작하여 궐기대회에서 낭송하였다. 시의 즉결성과 유격성이 유감없이 시대 상황의 한복판에서 등장하고 향유되었으며 거대한 공명을 불러일으킨 것이다.[31]

문화예술은 사람의 내면에 작동하는 매체이다. 5·18의 참담과 숭고가 사람들의 일상에 스며들어 부지불식간의 어떤 야만을 맞닥뜨릴 때 거부할 수 있는 행동의 용기로 응답할 수 있도록 마음의 결을 형성하는 것이 5월 문화예술의 몫이다. 문화예술은 사람들의 다양한 감정을 간접적으로 체험하게 함으로써 그 고통의 위치에

---

[30] "궐기대회를 하게 되면 어떤 연설문의 작성, 나아가서 어떤 연설문을 읽는 것, 일정한 역할을 맡아서 교사가 되기도 하고, 하나의 연극일 수가 있어요. 또 예를 들어서 궐기대회 주변에 플래카드를 건다, 그러면 그 플래카드에 글씨를 쓰고 그림을 그린다 하는 것은 미술패들이 그런 작업들을 진행하고, 또 음악적인 조예가 있는 사람은 궐기대회를 하는 과정에서 음악을 계속 사이사이에, 대중 연설 사이사이에, 음악을, 노래를 하지요. 그것도 새로운 노래를 개사곡으로 해서 준다든가." 박효선의 증언, 「5·18은 영원한 나의 중심 화두」, 전남대학교5·18연구소, 5·18기념관 DB. - 박효선은 5·18 당시 시민학생투쟁위원회 홍보부장이었다.

[31] 시민궐기대회는 계엄군이 전남도청에서 철수한 뒤 5월 23일부터 모두 5차례 열렸고 내용은 "1. 희생자에 대한 묵념, 2. 국기에 대한 경례, 3. 애국가 제창, 4. 각종 성명문 낭독, 5. 피해 상황 또는 경과 보고, 6. 시 낭송, 7. 전두환 화형식 등 퍼포먼스, 8. 노래 제창, 9. 결의문 낭독" 등의 순서로 진행되었다.

서 있게 할 것이다. 함께 서 있을 수 있음으로써 5·18의 정신과 가치를 자기화할 수 있는 것이다.

역사적 사건으로서 5·18에 대해 예술인들의 개별 창작은 봇물처럼 쏟아졌고 장르별 그룹과 단체의 결성을 통해 5월운동과 결합되어 획기적인 예술작품들이 쏟아져 나왔다.

가장 먼저 신호탄을 쏘아 올린 것은 문학인데 문학 중에서도 시라고 할 수 있을 것이다. 그리고 미술과 음악, 연극과 영화에서 5·18 문화예술은 독보적인 양식과 미학적 과정을 담아 창의적인 작품들을 생산해 냈다. 예술인들의 작업과 실천은 고스란히 5월운동과 결합할 수밖에 없는 것이고 이러한 배경을 가지고 추모 의례는 문화예술적 실천을 병행하여 전개되었다. 5·18 문화예술의 생성은 5·18이 지닌 사건의 특성에서부터 비롯했다고 볼 수 있으며 성장·승화되어 간 전개 과정은 1980년 5월 이후부터 5월운동으로 명명된 추모 의례와 5·18 곳곳의 현장에서 각양각색의 문화예술 행사로 펼쳐진 투쟁과 행사의 과정이라고 보아도 될 것이다.

대체로 1981년부터 1988년까지는 신군부의 폭압 아래 비합법적 형태로 5·18은 추모되었다. 그리고 부지기수의 청년 학생과 양심적인 사람들이 자신을 죽음의 제단에 바쳤으며 구속과 해직을 감수하면서 5·18의 진상 규명과 책임자 처벌을 강구해 왔다. 문화예술은 이러한 과정에서 때로는 독자적으로 때로는 같은 현장 상황에서 동행하며 실천해 왔다. 투쟁은 노래였고 행사는 문화예술의 매체와 방법을 통해 확장되었다. 매년 5월 18일에 개최된 5·18 추모 의례는 어떻게 5월운동의 모습으로 5·18 문화예술의 몸체가 태어나고 성장하였는지를 보여 준다.

1988년부터 1997년까지는 준합법기라 할 수 있다. 1987년 6월 항쟁으로 확보된 민주주의 공간은 5·18의 추모 의례와 기념행사가 시민권을 획득한 시기라고도 할 수 있을 것이다. 책임자 처벌이 전면에 나서고 명예 회복이 병행되어 5월운동은 전개된다. 예술적 형상화가 더욱 폭발하는 시기이기도 하다. 이때 문화예술로 계승된 5·18은 장르를 넘어서서 융복합적인 양상을 띠면서 일반 대중들과 만나게 된다. 전야제는 그 대표적인 문화예술적 양식이었다. 1988년부터 시작된 전야제는 5월 행사의 대표적인 추모 행사이자 정신 계승을 위한 기념행사이며 5월 정신의 당대적 형상화를 위한 총체적인 극이자 예술작품이다.

1997년 이후 5·18은 제도화된다. 5·18 문화예술은 기념행사로서 자신의 독창적 양식을 계속적으로 확장해 나갔고 예술인들의 창작 또한 매우 다양하게 생산되었다. 그리고 장르별 활동을 전개해 온 단체와 그룹들은 새롭게 변화해 나간다. 이 변화를 발전적으로 총괄하면서 등장한 행사가 5·18 전야제이다. 합법적으로 5·18 전야제 행사가 보장된 시기부터 각계각층의 단체 행사에서 문화예술 행사가 도드라지게 많아진 것은 이와 같은 양상의 반영일 것이다.

시로 감각된 5·18

　5·18현장에서 시는 여러 편이 지어지고 낭송되었다. 5월 이후 시문학이 가장 앞장서서 5월운동의 초기를 끌고 나간 점은 역사적 현장성과 함께 5·18이 던지는 사람들의 감정적 흐름과도 시의 경로가 직결되는 측면이 없지 않을 것이다. 시민궐기대회에서 낭송된 「광주시민장송곡」과 「민주화여」, 그리고 「민주의 나라」 등은 감정의 미로를 타고 흐르는 항쟁의 심미적 요소가 그대로 드러난 상징으로 볼 수 있을 것이다. 그리고 시인 김준태에 의해 쓰였던 「아아 광주여! 우리나라의 십자가여!」는 시문학이 어떻게 5·18과 조응하며 그것을 재현하는지 보여 주었다.[32]

　5월 18일부터 시작된 서로주체성의 발동은 사람의 감정적 흐름을 타고 고통과 질곡, 연대와 헌신의 공동체를 이뤘다. 눈앞에서 벌어진 공수부대의 극단적인 폭력은 경악과 참담함을 불러일으켰다. 시문학이 언어의 은유로서 사람들의 감정적 흐름과 격동되어 미적 감흥을 불러일으키는 장르라고 할 때 5·18의 역사를 주제와 소재로 하는 시 작품은 1980년 초반에 매우 효과적으로 5월운동과 결합하여 5·18을 재현하는 충실한 역할을 수행했다. 시인들은 역사적 현장에 자신의 감정을 세워 놓고 상황에 응전한다. 김남주의

---

[32] 김준태, 「아아 광주여! 우리나라의 십자가여!」는 시 전편을 자세히 음미함으로써 5·18 현장의 감정적 흐름을 잘 살펴볼 수 있으므로 전문을 감상하는 것이 필요하다.

「학살」은 참담한 상황의 시작에 서 있다.

경악과 참담은 수치심을 포괄하며 공동체적 감정의 발로로서 분노의 용기로 발전한다. 사람들은 맞서 싸우기 시작했고 마침내는 무장을 통해 극단 폭력에 맞서는 반폭력의 저항 행동에 나선다. 우리는 왜 총을 들 수밖에 없는가. 시민들의 답이 뻔했듯이 시인의 분노 또한 빗나가지 않았다. 이원규의 시 「우리는 왜 총을 들 수밖에 없었는가」는 여기에 화답한다. 항쟁 당시의 시차를 떠나 동명의 성명서와 시는 과녁을 선명하게 불러 세운다. 폭력에 맞서는 것은 인간이기를 선언하는 것이고 그것은 반폭력이나 저항 폭력을 지닐 수밖에 없는 것이다. 그리고 가장 아름다운 장면이 등장한다. 절대공동체의 발현이다. 신기루 같은 인류사회의 이상이다. 아주 짧은 시간에 불쑥 등장하였다가 오지 않는 미래의 어떤 날로 예비되어 사라져 버린 '절대공동체'는 말 그대로 사랑의 구성체였다. 인간의 사랑이야말로, 그것도 홀로주체성의 한계에 태생적으로 갇힐 수밖에 없는 가족 사랑을 넘어서 공동체적 사랑으로 발현된 사건으로서 5월의 거리야말로 사랑의 몸체였다. 김준태의 시 「금남로 사랑」은 당시 금남로의 '사랑'과 '절대공동체', '하늘이 계시된 신기루'와 같은 상황을 절실하게 상징화하고 있다.

극이 그렇듯, 역사적 사건도 대개 시작과 더불어 끝을 보게 된다. 굳이 말로 표현하지 않더라도 마무리는 많은 질문을 남긴다. 대단원은 5·18이 지닌 모든 의미를 담으면서 표현되지 않은 가치와 관습적으로 내포된 '무언가'의 이상을 포괄하여 후세대들에게 여지를 남겨 두는 방식이어야 한다. 5·18 현장이 그랬다. 시는 그것을 어떻게 재현하는가.

아낌없는 희생으로 태어나는 숭고는 인간의 야만과 존엄이 무엇이며 인간은 스스로 무엇이 되지 않기 위해서 무엇을 해야 하는가에 대한 역사적 물음을 후세대에게 남긴 가장 핵심적인 가치 중에 하나일 것이다. 개인의 자유를 위한 비극적 희생으로서의 숭고가 아니라 공동체의 자유와 공동체를 위해 희생한, 즉 자신을 위한 희생이 아니라 타인의 고통과 생명을 위해 자신의 목숨을 기꺼이 봉헌한 5·18의 정신가치를 함축하는 관념이라고 할 수 있을 것이다. 이 관념은 5·18의 현장에서 구체적으로 그 모습을 드러냈고 고은 시인의 「바다 파도」는 5월의 상징으로 그것을 "쏴 버리지 않은 아름다움"으로 이미지화하고 있다.

5·18은 시인들을 절규하게 만들었다. 그리고 고발과 해원, 위로와 승화 등의 메시지가 하나의 작품에 담겼다. 일찍이 문학평론가 김현은 다음과 같이 언급하였다. "광주 체험은 그러나 너무도 압도적이어서 그것을 시화시키는 데 시인들은 큰 고통을 겪는다. 광주를 노래한 순간, 그 노래는 체험의 절실함을 잃고, 자꾸만 수사가 되려 한다. 성실한 시인들의 고뇌는 거기에서 나온다. 광주에 대해 눈을 감을 수는 없다. 그렇다고 절실하게 느껴지지 않는 시를 시라고 발표할 수도 없다."[33] '광주'를 겪은 시인은 절실하게 쓸 수밖에

---

[33] 김현, 『보이는 심연과 안 보이는 역사 전망』, 문학과지성, 1992. 294~295쪽.

는 없는 것이다.

「누가 그대 큰 이름 지우랴」[34]는 5·18 이후 시문학의 변화를 고스란히 담고 있다. 그리고 문학평론가 황현산은 5·18이 던진 시문학사의 전환을 "고립된 관념에 민중적 실체를 마련해 주고, 시의 머리에 현실의 육체를 달아 준 획기적인 모멘트였다."라고 말하며 "광주의 5월 이후 시인들은 섭리를 말하는 대신에 미래에 대한 인간의 계획을 말할 수 있게 되었다. 이제부터 시인들은 자연을 말하는 대신에 역사를 말할 수 있게 되었다. 역사가 바로 그 민중 속에 있었기 때문이며, 시의 언어가 그것을 확인할 수 있었기 때문이다."라고 규정한다.[35]

---

[34] 『5월광주항쟁시선집』, 1987년, 인동.
[35] 황현산, 『5월문학총서 4 평론』, 35쪽, 38쪽. 나아가서 황현산은 5·18이 미친 한국시사의 관점에서 시의식과 창작상에 근본적 전환을 가져왔음을 언급한다. "사일구 혁명은 한국의 현대사에서 민중이 능동적으로 역사에 참여하여 소기의 성공을 거둔 최초의 사건으로 시의 언어에서도 또 한 번의 해방을 불러왔다. 그러나 거기에 묵숨을 걸고 참여하였던 사람들 스스로도 놀란 이 혁명은 관념의 언어를 양산했다. … 게다가 뒤이은 군사독재권력의 등장과 횡포는 이 관념이 육체를 얻을 기회를 철저히 봉쇄하였다. …… 그리고 5월의 광주가 있다. 민족의 운명을 가름하는 사건들에 대해 항상 부족하였던 통찰의 거리를 확보할 수 있는 계기를 마련하였으며, 껍데기로 남아 있던 관념을 현실과 결합시켰으며, 주눅 든 시어에 생명을 넣어 그 힘의 깊이와 폭을 넓혔다." 위의 책 33쪽.

하나의 전형, 전야제

  5·18은 사건 자체가 지닌 극적 구성과 함께 대한민국의 구조를 바꿔 버린 사건이었고 문화예술에 있어서도 새로운 몸체를 탄생시킨 사건이었다. 5월문화운동은 그 전개 과정에서 시문학과 연극, 음악과 미술 등의 장르가 융합되어 5·18을 극적으로 재현함으로써 오월의 문화화를 이끌어 왔다. 전야제는 그 역사를 고스란히 드러내 준다.[36]

  전야제는 1988년 5월 행사부터 시작되었다. 위령제 형태로 망월묘역 중심에서 치러지던 추모 의례가 비로소 다양한 장르의 문화예술을 매개로 추모와 투쟁 집회의 성격을 종합한 대표적인 5월 기념행사로 자리 잡기 시작한 것이다. 이는 1987년 6월항쟁이 열어 젖힌 민주화의 도도한 물결에 힘입은 것이기도 하다. 그러나 5월 기념행사로서 전야제를 가능케 했던 계기는 가톨릭 광주대교구 정의평화위원회의 선도적인 역할을 무시할 수가 없을 것이다.

5월에 접어들면서 천주교 광주대교구는 모험을 감행했다. 그동안 5·18과 관련, 발표된 유인물을 책으로 발간한 『5·18광주의거 자료집』을 내놓는 한편 『5월 그날이 다시 오면』이라는 사진첩을 만들어 판매했다. 가톨릭센터 3층에서 사진전을 개최했다. 자신들이 모은 자료들과 시민들이 간

---

36 정문영은 1980년 5·18이 끝난 직후 5월 31일에 있었던 유족들의 장례식부터 5·18은 의례 문화의 모습을 띠었음을 살피고 1980년대 내내 시위 투쟁으로서의 5·18이 1988년 이후부터 시민적 의례로 전환되는 과정을 추적하며 5·18의 문화화와 상품화 과정을 추적한다. 1988년에 등장한 전야제는 말 그대로 절대공동체의 모습을 재현한 듯한 형국이었는데 정문영은 "이때부터 매년 5월이면 어김없이 피와 눈물과 감격과 먹을 것을 나누었던 그날의 공동체가 되살아났다. 이미 광주의 '5월'은 이 모든 것이 가능해지는 리미널한 시간이 되었다."고 설명하고 있다. 그러나 문화화로 재현된 5·18은 사건이 지닌 급진성과 투쟁성을 표백해 버리는 문제를 노정하고 있다고 지적한다. 5·18의 문화화 과정이 5·18에 대한 정세 변화에 영향을 받은 바가 없지 않지만 한편으로 지역사회의 여론 주도층이 급진적이며 비이성적인 시위 투쟁의 5·18에서 벗어나고자 하는 기획이 작동한 결과라고 언급한다. 여기에는 1990년 들어 지배적으로 제기된 문화 담론이 영향을 미쳤다고 파악한다. "문화상품으로서 5월 행사가 등장할 수밖에 없었고 '인권·평화'라는 언표와 함께 광주의 진실이 외부의 관객과 교신하는 새로운 언어"로 선택되었음을 주장한다. "문화예술의 축제로서 5월 축제의 발명은 어떤 특정인의 발명품은 아니었으나 그럼에도 불구하고 특정한 계급의 에토스가 없었으면 결코 불가능했을 것이다. 5월의 상품화의 담론이 문화화의 연장선상에 있으며 지식인 기원을 가지고 있다는 점을 어렵지 않게 짐작할 수 있다."고 결론 짓는다.
5·18의 문화화 과정에 대한 정문영의 연구는 역사적 사건이 지닌 기억과 계승으로서의 가치를 어떻게 전승할 것인지에 대한 성찰과 함께 5·18의 문화예술적 과정을 정세의 변화와 지역사회 계층 간 관계에서 살펴보고 기억과 계승의 방법론과 형식의 변화를 조밀하게 탐구하여 문화화가 지닌 복합적 측면을 밝혀 주었다. 그리고 대표적인 5·18 기념행사로 자리 잡은 전야제의 성격과 변화 과정을 시기별로 구분하여 파악함으로써 고정된 해석이 아니라 각각의 시공간에서 사람들의 집단적 관계와 정치적 흐름에 따라 변천해 왔음을 주체적 관점에서 해명하고 있다. - 정문영, 「광주 '5월 행사'의 사회적 기원」, 서울대학교 대학원 문학석사학위 논문, 1999.

직해 두고 있던 사진들을 수집, 전시회를 연 것이다. 시민들의 반응은 가히 폭발적이었다. 5월을 겪었던 사람들은 그날을 회상하며, 말로만 들었던 사람들은 진실을 확인하기 위해 장사진을 쳤다. 5·18 7주기 행사 또한 잔치 분위기였다. …… 이런 가운데 세인의 관심을 끄는 행사가 조심스럽게 진행됐다. 바로 5·18 비디오테이프 상영. 말로만 들어오던 비디오테이프가 일반에게 공개된 것이다. 테이프 공개는 대환영이었다. 가톨릭센터, 임동, 학운동 성당에서 있었던 테이프 상영은 연 인원 20여만 명이 관람을 했다.[37]

  1985년에 발간된 『죽음을 넘어 시대의 어둠을 넘어』가 던진 충격이 언어를 통한 재해석과 이해의 과정을 거친 5·18에 대한 접근이라면, 5·18의 참상을 담은 사진과 영상은 수많은 사람들을 들끓게 하였다. 그리고 1987년 6월항쟁으로 거침없이 내달아 가게 한 것이다. 1988년 5월 17일의 전야제는 이와 같은 흐름을 종합하고 5월 추모 의례의 새로운 형식이 등장하는 계기가 되었다. 그동안의 추모 의례가 투쟁의 성격이 강했다면 추모의 주체가 확장되고 투쟁의 성격은 훨씬 문화적 양상으로 전환되어 가기 시작한 것이다.

  1988년 5·18 전야제의 중심 프로그램은 여전히 5·18의 정치적 문제를 다루고 촉구하며 주장하는 집회 투쟁의 내용이었지만 프로그램의 진행은 판소리, 진혼굿 등이 무대를 중심으로 진행되고 시

---

37 김재영, 『예향』, 1988년 5월호.

낭송, 노래, 상황극 등이 펼쳐졌다. 이때의 전야제와 함께 이후 시민들은 매년 5월이면 5·18 추모 행사의 대표적인 행사로서 전야제를 통해 어김없이 피와 눈물과 감격의 먹을 것을 나누었던 그날의 '공동체'를 경험하게 된다. 죽음을 목전에 두고 갈등을 거치면서 살아남은 사람들에게 전야제는 종합의례 형식을 통해서 색다른 차원의 1980년 당시 5·18 '절대공동체'의 열망을 갈구하게 되는 것이다.

> 양동시장, 대인시장, 남광주시장 등 시장 아줌마들과 교회나 각 동의 아줌마들끼리 결성한 계나 친목회, 동창회에서 주먹밥이나 김밥 따위를 자진해서 만들어 오거나 시장 상인들이 각종 음식물들을 리어카나 트럭 채로 싣고 와 나눠 주곤 했으며 심지어는 속옷, 양말, 잠바, 바지나 담요, 이불 등 입을 것과 덮을 것을 마련해 오는 사람들도 많았다.[38]

전야제는 1997년부터 국가적 의례와 합법적 추모가 시작될 때까지 기본적으로 추모와 투쟁적 요구를 담은 집회의 성격을 띠고 진행되었지만 정치적 지형의 변화와 연계되면서 5·18 기념행사의 대표적인 행사로 자리를 잡아 나간다.

처음 시작한 1988년 5월 17일의 전야제는 광주구동실내체육관에서 시작하여 전남도청 앞 광장으로 행진하는 양상을 띠었다. 그

---

[38] 이재의, 『예향』, 1989, 8월호

다음 해부터는 아예 처음부터 전남도청 앞 분수대 광장에서 전야제가 열렸다. 전야제의 큰 틀은 5·18 영령에 대한 추념, 추모시 낭송, 추모굿, 당사자의 증언, 5·18의 요구를 담은 연설과 당면 현안 투쟁에 대한 소개와 결의, 노래 공연 등으로 짜여졌다.

1988년부터 1995년까지는 준합법적 의례로서 투쟁 집회를 병행하여 진행되었는데 대체로 추념과 투쟁 대회의 성격이 강했다. 광주청문회를 통해서 5·18의 진상이 만천하에 공개되었지만 책임자 처벌 문제는 묘연했던 시기이다. 김영삼 대통령이 5·13 특별담화를 통해 5·18의 성역화를 약속하고 정부 차원의 기념사업을 추진할 것을 밝혔지만 5·18 진상 규명에 따른 책임자 처벌을 역사에 맡기자고 하면서 유예해 버린 것이 크게 작용하였다.

그러나 1996년부터 전야제 행사는 합법적으로 진행된다. 1994년에 5·18기념재단이 출범하면서 기념사업의 주체로서 민간재단 법인이 명확해지는 한편, 김영삼 정부 스스로가 5·18을 계승한 정부임을 천명한 것도 작용하였다. 경찰의 보호 하에 전야제 행사가 진행되었는데 이때부터 전야제는 문화예술의 형식이 행사의 주요 양식으로 자리를 잡아 나가게 된다.

전야제는 금남로 거리에서 대규모 풍물굿이 시작되면서 도청을 배경으로 무대가 들어서고 금남로 거리 전체가 무대이자 관람석이 되는 틀로 진행되었다. 전야제의 주요 프로그램은 추념과 민중의 투쟁적 요구를 형상화한 문화예술 작품이 공연 형태로 진행되었다. 한편 정치 상황의 변화에 따른 전야제의 내용과 형식의 전환은 필연적이었다. 1997년에 개최된 전야제 행사는 5월운동의 방향 전환과 '광주 문제 해결의 5원칙'이 그 종착점에 도달했다는 심리적 요인이 작용하는 한편 기념 주체들 내부의 상황 인식의 변화도 크게 작용하였다. 지나친 투쟁적 기념행사를 배제해야 한다는 목소리가 나오기 시작한 것도 영향을 미쳤다. 역설적이지만 5·18 기념행사의 대표적인 행사로 전야제가 부각된 것과 동시에 모든 사람들이 정치적 부담 없이, 평온한 상태로 5·18을 기념할 수 있는 문화예술적 방식이 요청된 것이다. 1997년 전야제에 어린이 합창단이 등장한 것은 전야제가 어떤 방향으로 변화해 나갈지를 가늠하는 시금석이 되었다고 봐도 좋을 것이다.[39]

하나의 역사적 사건을 새롭게 읽어 내는 열쇠고리로 제기된 담론으로 '그 사건이 지닌 정신 가치를 후대에서 어떻게 계승할 것인가.'하는 물음은 쉽지 않다. 게다가 5·18은 제도적 의례로 정착되었다. 한편 제도적 의례와 민간적 의례가 아직도 상충하고 있기도 하다. 5·18이 지닌 민중항쟁적 성격에 비추어 볼 때 민간적 의례가 오히려 영속되는 게 기념과 계승의 형식으로 바람직할 수도 있을 것이다.

5·18 전야제는 당해 연도 5월 기념행사 전체의 주제가 제목으로 설정되고 5·18의 추념과 시대적 상황, 메시지 등을 종합적으로 망

---

[39] 2010년을 전후하여 전개된 전야제의 흐름을 살펴보면 1997년 5월 18일 국가기념식으로 5·18이 추모된 이후 자리 잡은 전야제의 문화예술적 성격은 보다 명료해진다.

라한 총체극의 형태를 지닌 행사이다. 이러한 양식은 1988년 이래로 광주시민들이 전야제를 5월 행사의 대표 행사로 받아들이면서 그에 걸맞게 내용과 형식이 발전해 왔다고 볼 수 있다.[40]

전야제는 의례로서 민간 차원의 5·18 정신 계승을 위한 추모와 기념을 총괄하고 있다. 그리고 5·18 정신이 박물관의 고도서처럼 박제화하거나 형해화하는 것을 차단하면서 시대 상황과 연동되도록 긴장을 조성하는 역할도 하고 있다. 의례로서 전야제는 5월운동의 일환으로 발명된 것이지만 정부 차원의 5·18기념식과는 전혀 다르게 5·18을 재구성하고 현재화하고 있다. 행사 주체는 광주·전남 지역의 문화예술단체와 활동가들이다. 자율적 기획과 행사 실행은 그대로 발현된다. 지역의 문화예술가들이 역량을 마음껏 발휘하기도 하지만 자신들의 역량을 검증받기도 하는 공간이다. 전야제의 주제는 해당 시기 5·18 기념행사 총괄 주제가 된다. 5·18 정신의 현재적 표현으로서 기념행사 주제가 어떻게 전야제에 담기는가. 5·18의 미시적 정신 가치가 어떻게 참여 주체들에게 감동을 주는가. 기억을 되살리고 회상하도록 하며 미래로 나아갈 전승 가치를 깨닫게 할 것인가.

행사는 공통적으로 매년 광주·전남 지역의 시민사회단체와 문화

---

40 5·18민중항쟁 30주년 국민의식조사 결과보고서에 따르면 전 국민과 광주 시민 모두는 5·18 기념식과 전야제가 5·18의 대표 행사라는 답변을 하고 있다. "기념식 ; 광주 42.1%, 전국 38.8%. 전야제 ; 광주 30.8%, 전국 8.4%." 5·18민중항쟁30주년기념행사위원회, 한국공공데이터센터.

예술단체, 5·18단체 등이 공동으로 행사위원회를 구성하여 개최한다. 전야제는 문화예술단체가 중심이 되어 별도로 기획단을 구성하고 각 장르별 위원들이 참여하여 행사의 기획과 진행을 관장한다. 이와 같은 과정은 1988년부터 시작된 전야제 행사의 기본 구성에서 크게 변함이 없다.

5월 17일 오후 1시부터 밤 10시까지 진행되는 공간은 구 도청 앞 분수대 광장에서 금남로3가까지다. 주제는 매년 시대 상황에 따라 바뀌며 행사의 진행은 사전 행사와 본 행사로 나뉘고 본 행사는 기승전결의 형태로 전개된다. 본 행사가 끝나면 대체로 행사는 마무리가 된다.[41]

적극적이며 주체적인 행위로써 5·18을 기억하고자 할 때 절대공동체 담론은 5·18 정신 가치의 정수를 표현하고 있는 담론이다. 스스로가 국가이자 주권자이며 수호자였던 광주시민은 몰주체가 아닌 서로주체성의 담지자였고 서로주체성으로써 5·18공동체를 구현하였다. 1980년 5월 31일 이후 전개된 5월운동은 지난한 과정을 거쳐서 참상의 피해자로서가 아니라 야만과 참담을 극복한 인간 존엄의 행위자로서 5·18을 정립하였다. 그 과정은 5·18 문화예술

---

[41] 전야제 관련 연구논문은 아래와 같다.
정문영, 「광주 오월행사의 사회적 기원 – 의례를 통한 지방의 역사 읽기」, 1998년 석사 논문.
윤기봉, 「5·18기념사업의 발전 방안과 문제점」, 2020년 석사 논문.
김지혜, 「5·18기념행사 활성화 방안 연구 – 전야제를 중심으로」, 2014년 석사 논문.

의 전개 과정이자 재구성 과정이었음을 살펴보았다. 그리고 전야제라고 하는 기념행사의 꼭짓점에 도달하였다. 그러므로 절대공동체와 서로주체성의 발현으로서 5·18공동체 담론으로 전야제를 들여다보는 것은 5·18의 정신가치의 새로운 전환을 의미한다. 조금 무리가 따르고 충분한 논리적 연관성이 탐구되어야 하지만 부족한 대로 기왕의 절대공동체론과 서로주체성의 5·18항쟁공동체론을 원용해서 문화화한 5월로서 전야제 행사를 재구성해 보는 것도 의미는 있겠다.

전야제 행사에 5·18 정신 가치이자 사회구성체적 가치인 절대공동체의 모습이 어떻게 재현되고 있는가. 절대공동체가 말하고자 하는 사유 재산도 없고 목숨도 네 것 내 것이 아닌 태초의 상황 같은 수십만 군중이 운집하여 쏟아내던 복합 감정이 하나의 행사에 어떻게 담겨 있는가. 사랑과 공감의 감정을 수반하는 시민의 공동체적 용기가 어떤 방식으로 재현되는가. 그리고 그 용기의 발로로서 자신의 조건에서 주먹밥과 헌혈로 매개된 서로주체성은 어떻게 표현되는가.

전야제는 5·18의 상징 공간을 주요 공간으로 설정하고 있다. 사전 행사로써 행진이 시작되는 광주역은 계엄군의 총격에 의해 최초 희생자가 나온 곳이다. 수만 명의 군중이 운집하여 계엄군과 치열하게 밤늦도록 대치한 곳이기도 하다. 광주공원은 시민들이 자위적 차원에서 무장한 뒤 시민군이 집결하여 총기를 나눠 갖고, 총기 다루는 법을 배우기도 하고 부대를 편성한 곳이다. 행진 부대가 집결하는 금남로 거리는 예나 지금이나 광주의 요충 도로이다. 5·18 당시 시민들은 금남로 거리로 쏟아져 나왔다. 계엄군에 의한 최초 희생자가 나온 곳이 금남로이다. 백주 대낮에 가공할 폭력을 직간접으로 겪은 공간이다. 추격하면 흩어졌다가 밀물처럼 다시 운집한 곳이 금남로 거리이다. 5·18의 시작과 끝이 송두리째 담겨 있는 공간이자 광장이다. 전야제의 시작과 끝이 금남로 거리인 것은 5·18의 절대공동체를 재현하는 데 매우 적절한 역사성과 상징성을 담고 있음을 알 수 있다. 그리고 그 역사성과 상징성에 걸맞게 전야제에는 수많은 시민이 몰려나와서 군중을 이룬다. 극단적 상황을 목격하고 너 나 할 것 없이 하나의 목숨이었던 그날의 경험과 기억은 일상을 벗어던지고 기억의 연대를 통해 새로운 시민을 만나는 시공간으로 재현되는 곳이다.

  5·18이 기승전결의 극적 구성을 이루고 있는 것처럼 전야제의 이야기 전개는 단계적이다. 5·18의 전사가 다뤄지고 그날의 현장 상황이 부분적으로 재현된다. 주로 참담한 상황과 그에 맞서는 시민들의 저항에 초점이 맞춰진다. 계속되는 현실로써 5·18의 다른 참상을 현재화하여 보여 주고 전개되는 5·18과 그럼에도 불구하고 희망을 잃지 말자는 결론은 기승전결의 구성을 갖추고 있다. 대단원은 익명의 시민들이 함께 어우러져 풍물놀이를 질펀하게 벌이는 것으로 마무리된다.

  누가 불러내서 항쟁의 전면에 나선 것이 아닌 것처럼, 다시 말하면 스스로가 주체적으로 자신만의 조건에 맞게 항쟁에 나선 것처럼 전야제는 시민의 자발성이 우선적이다. 기획의 의도는 행사를 추진하는 주체와 행사에 참여하는 객체가 따로 놀지 않도록 하는 데 치중하지만 행사는 행사로써 기능할 수밖에 없는 한계가 있다. 무대에 선 시민들은 전문적이고 잘난 시민이 아닌 일상적이고 평범한 시민들의 참여를 적극적으로 조직한다. 마을 풍물패를 중심으로 5·18인 풍물단을 구성하는 방식이 그렇다. 주먹밥과 헌혈을 추체험하기 위한 장치도 설정한다. 너 나 할 것 없이 하나가 되었던 절대공동체를 표현하기에는 역부족이지만 5·18이 드러낸 상징 가치는 다양하게 경험될 필요가 있는 것이다.

  5·18을 재현하는 매체는 주로 영상물과 음악이다. 무대를 중심으로 펼치는 한계이기도 하다. 당시 현장에서 배전의 역할을 감당하였던 후세대 문예 주체들은 전야제 행사를 준비하고 기획하는 일을 전담한다. 당시의 참혹한 현장과 더불어 상상조차 할 수 없었던 시민들의 연대, 공감의 절대공동체라는 장에서 전개된 궐기대회의 실감은 전야제라는 무대에서 감당하기 어려운 일이다. 흉내만 낼 따름이다. 문예 주체들의 역량의 문제가 깊이 영향을 미치는 부분이다. 5·18의 재현은 집중적이며 다층적이고 심미적이며 율동하는 문예 장치가 동원되어야 하고 이를 위해서는 기획 역량과 함께 도구를 최대한 활용할 수 있는 재정 조건도 필수적이다. 역사적 아우라가 당시를 떠나면 사라지는 것처럼 5·18의 감동을 새롭게 재현하는 것은 매우 힘들다.

  전야제는 매년 5·18 기념행사 주제를 총괄하지만 자신만의 주제를 가지고 문화예술적으로 5·18을 재현한다. 과거와 현재, 그리고 미래로 나아갈 정신 가치를 담고자 한다. 시대 상황과 소통하고 현안에 접속하는 것은 필연이다. 5·18을 기억하고 계승하고자 하는 것은 참상의 기억과 함께 숭고한 정신 가치를 계승하고자 하는 데 있다. 정신 가치는 박제된 그때 그 사건으로서가 아니라 인간의 존재론적 질문과 연관된 것으로서 항상 당대의 시대적 사건과 호흡해야 한다. 5·18이 잊히지 않고 역사적 역할을 지속적으로 수행하는 조건이기도 할 것이다. 그러나 주제 의식이 매년 시대 상황을 고스란히 담지는 못한다. 주체의 한계가 크다.

이와 같이 절대공동체와 서로주체성의 발현으로서 5·18이 재현되는 데는 굉장히 많은 요소들이 준비되고 충당되어야 한다. 5·18 담론이 이론의 상자에서 생활의 현장으로 나올 때 무엇이 필요한지를 가늠해야 할 조건이다. 역설적으로 5·18의 정신가치를 기억하고 계승하는 데 있어서 새로운 담론을 통해 전승의 새로움을 반드시 구현해 내야 할 주체들의 숙명이기도 하다.

절대공동체와 서로주체성의 공동체라는 개념의 창을 통해 전야제의 시공간을 재구성해 보는 것은 주체의 문제의식을 심화·확장하는 데 일말의 문제의식을 갖게 할 수 있겠다. 부연해 보겠다.

절대공동체의 재현으로서 전야제의 형식

5·18을 상징하는 시공간을 주요 공간으로 확장하고 상호 연결고리를 전면화할 필요가 있다. 개개인의 시민은 금남로로 집결하여

군중이 되었고 공동체적 지성을 드러내 보였다. 5월 20일의 상황을 적극적으로 재구성해서 광주역과 광주공원, 양동과 금남로 공간을 선과 면으로 연결하여 참상에 맞서 목숨도 네 것 내 것이 아닌 상황을 재현한다. 수만 군중은 자발적 참여를 유도하되 각각의 마을에서 참여하도록 하며 각계각층이 망라되는 방식이 좋겠다. 남녀노소가 하나로 어우러져 시가행진을 하는 것이다. 이때 노래와 구호는 제창되어야 한다. '아리랑'과 '애국가', '우리의 소원은 통일' 등의 노래는 그날의 감정을 끌어올리는 매개 역할을 하도록 장치될 필요가 있겠다. 간간이 총괄 주제에 맞는 노래와 구호, 피켓 등을 배치하여 현실감을 살릴 필요도 있을 것이다. 금남로 사거리에 집결하여서는 모든 참여자가 바닥에 앉거나 배열해 서서 짧은 집회를 여는 것도 좋겠다. 이때 시가 낭송되고 즉석에서 미술패들의 만장이나 글씨, 행위예술 등의 퍼포먼스가 펼쳐지도록 한다. 한편 무대는 기념행사를 진행하는 보조 수단으로써 기능하도록 배치될 필요가 있고 금남로 광장이 전체적인 무대가 되도록 배치하고 절대공동체의 전개 과정을 극적 구성으로 치밀하게 재현하도록 한다. 시의성에 맞게 공동체에 헌신한 사건과 사람을 상징화하여 절대공동체로서 5·18의 정신가치를 집약하는 것도 좋은 방법일 것이다.

서로주체성의 발현으로서 전야제의 내용

서로주체성은 개개인 모두가 주체이면서 상호 관계에서도 서로가 주체적으로 관계가 형성됨을 뜻한다. 5·18은 누구도 누구를 강제하거나 강요하지 않았다. 지식인과 부랑아가 서로주체로서 만났다. 노인과 소년이 서로주체로서 자신의 역할을 수행하였다. 시장 상인과 의사가 서로주체로 만났고, 시민군과 수습위원이 서로주체로 만났으며 갈등하고 사건을 밀고 갔다. 자발적이면서 규범적인 관계를 형성하고 짧았지만 이루 헤아릴 수 없는 '계시된 하늘나라'를 열었고 그 속에서 시민은 '그들의 나라'가 아닌 '우리들의 나라'를 현현토록 한 것이다. 기억과 계승의 몫이 된 5·18의 이와 같은 역사성을 어떻게 재현할 것인가.

가장 우선적으로 문화예술이 역할을 감당할 수밖에 없다. 문화예술이 지닌 근원적 성격이 서로주체성을 담지하고 있다. 아무리 뛰어난 작품이라도 수용할 독자가 없으면 효용 가치가 없는 것과 같다. 하나의 작품 속에 자신의 내면이 타인의 감정과 고통, 그리고 실존으로서 하나의 인격체를 담지하고 있지 않다면 그것은 문화예술 작품이라고 할 수가 없다. 한편 문화예술 작품은 자신만의 그릇을 지닌다. 시는 언어의 그릇을, 음악은 소리의 그릇을, 미술은 선과 면의 공간 그릇을, 극은 사건의 그릇을 지닌다. 5·18은 그 자체로 문화예술적 양식이 총동원되었고 표현되었다. 재현은 문화예술의 모든 양식이 충분한 매체이자 도구로 활용될 수 있어야 그 가능성이 확보된다.

문화예술의 기본적 속성이 충분히 발휘되도록 전야제는 구성되어야 한다. 기획 주체들의 관점과 시선이 어디로 향해야 하는지를 함축한다. 절대공동체의 신기루를 어떻게 표현할 것인가. 서로주체성이 발현된 심리적 전개와 사건의 전개 과정을 작품 속에 어떻게 녹여내도록 추동할 것인가. 약속과 타인의 고통에 응답할 용기, 극단적 상황에서도 그 자리에 함께 서서 맞서는 사랑의 감정으로서 공감 행동의 표출. 무대는 서로주체성의 발현으로서 모든 문화예술의 양식과 매체가 동원되어야 할 것이다. 주체의 역량이 무엇보다 필수적이지만 일반 시민의 자발적인 참여를 이끌어 내는 과정이 충실해야 한다. 사전에 조직될 필요가 있다. 서로주체성을 공감하는 것은 행사로서 전야제가 반드시 획득해야 할 기억투쟁의 목표라고 할 수 있을 것이다.

비정한 시간을 거스르는 오월 예술을 위하여

왕은철은 「5·18항쟁의 예술적 형상화」[42]에서 피카소의 '게르니카'와 '한국에서의 학살'을 예로 들면서 광주에 관련된 예술은 '한국에서의 학살'보다는 '게르니카'로 나아가야 한다고 역설한다. 광주의 비극 앞에서 서정이나 순수가 들어설 자리가 없었던 1980년대를 경과하고 난 뒤 개인뿐만 아니라 민족 모두가 정신 외상을 경

---

[42] 왕은철, 「5·18항쟁의 예술적 형상화」, 『5·18민중항쟁과 문학예술』, 5·18기념재단, 2006.

험한 이후의 5·18 예술이 필요다고 진단한다. 강연균의 '하늘과 땅 사이'의 그림이 지닌 암울하고 충격적인 5·18의 잔상, 장선우 감독을 통해 영화로 만들어진 최윤의 『저기 소리 없이 한 점 꽃잎이 지고』의 깊은 내상, 글을 제대로 쓸 수 없는 시대 상황을 거치면서 탄생한 임철우의 『봄날』 이후로 나아가야 한다는 것이다. 시대 상황의 변화에 따라 "이제는 사람들이 1980년 5월의 광주를 너무 안이하고 상투적으로 생각하고 아예 그것을 역사의 한 장으로 밀쳐 내고 잊어버리려고 하는 시점에 와 있"기 때문이다. "예술가들의 책무는 광주의 기억이 비정한 시간 속으로 묻히지 않도록 해야 하기 때문이다."[43]

왕은철은 김종학의 『모래시계』를 높이 평가하면서 "광주를 기억하는 사람들뿐만이 아니라 광주를 잊고 싶어 하는 사람들, 그리고 광주를 모른 체하며 살아왔고 지금도 그렇게 살아가는 사람들에게 그 실상을 전해 줘야"하고 이를 위해 "현장을 다큐멘터리로 옮기는 것 못지않게, 아니 그보다 더, 그것을 내면화하여 수준 높은 형상화를 기하고 사람들을 감동의 물결에 휩싸이게 해 궁극적으로 광주를 보다 폭넓은 시각에서 바라볼 수 있도록 하는 작업이 중요하다."고 말한다.

절대공동체 담론으로 '광주'를 새롭게 들여다봐야 한다는 문제의식이나 5·18의 시작과 전개 과정, 그리고 결말에 이르는 길을 사람

---

[43] 왕은철, 위의 책, 424쪽.

개개인의 내면 구조에 천착하여 '서로주체성'의 발현으로써 5·18공동체를 일컫고자 한 담론의 문제의식과도 상통하는 맥락이다. 결국 5·18의 기억과 정신 가치가 문화의 얼굴로 후세대를 만날 수밖에 없다면 그것은 항상 새로워야 한다. 사건의 실체와 인과 구조를 변형시킬 수는 없다. 사건에 내재해 있는 인간의 감정 구조는 인간의 삶 속에서 항상적으로 작동하기 때문에 우리는 그것에 주목하여 새로움을 모색해야 한다는 말이다. "5·18의 리얼리티는 그때 그 시절의 리얼리티가 아니라, 그 이후로 변화에 변화를 거듭해 온 현실 속의 리얼리티인 것"[44]이기 때문이다.

왕은철이 '예술가의 역사 의식과 윤리적 책무'라는 부제를 붙여 논의를 제기한 것은 개별적 문화예술 작품에도 적용이 가능한 언급이지만 기억하고 계승하여야 할 5·18의 정신 가치를 어떻게 제도의 영역과 민간의 영역에서 다루고 의례화해야 할 것인가에 대한 근본적인 문제의식이기도 할 것이다.

유제호는 훨씬 더 구조적으로 5·18 문화예술의 변화를 주문하고 있다. "시는 도처에 있거나 아무 데도 없다."는 야콥슨의 단언을 차용하여 "예술은 도처에 있거나 아무 데도 없다."고 하면서 "5·18의 진상 및 정신을 접속, 확장, 공유하는 데 문화예술 활동이 차지하는 비중은 아무리 강조해도 지나치지 않다."[45]고 말한다. 특히

---

[44] 왕은철, 위의 책, 428쪽.
[45] 유제호, 「전북에서 본 5·18 – 문화예술적 재현 및 대중 수용의 양상」, 『5·18 민중항쟁에 대한 새로운 성찰적 시선』, 한울, 2009. 45~46쪽.

유제호의 문제의식은 5·18이 30년이 지난 시점을 기준으로 보아 5·18 정신가치의 내면화가 무엇보다 우선적인 과제라는 점에 주목하면서 "정치적 담론 및 사회과학적 접근의 활성화가 상당 수준에 다다랐다고 전제할 때 거기에 문화예술적 상호작용의 활성화가 가세함으로써 비로소 5·18의 대중적 확산과 5·18 정신의 내면화가 실현될 수 있을 것이다."[46]라고 말한다. 그러면서 '잠재적 수용자-일반 대중'을 우선시 하는 예술가들의 더욱더 세심한 배려가 필요하다고 강조한다. 대중과의 접속 가능성, 대중 친화력, 대중의 현재적 정서, 대중의 수용 역량, 대중의 일반적 수용 양상 등으로 나눠서 5·18예술 창작은 충분히 고려되어야 함을 역설한다.

  5월운동으로서 전개된 문화예술운동은 그 내면에 숱한 갈등과 우여곡절을 담고 있다. 외적으로는 정치적 지향에 따라 양상이 달라지기도 하였지만 내부적으로 어떤 가치를 보다 중시하느냐에 따라 재현되거나 재구성되는 예술적 형상은 크게 편차가 있어 왔다. 5월을 재현하는 데 있어서 그 참상을 강조하게 되면 한 편의 비극적 드라마를 연출하는 데로 무게 중심이 쏠리게 되고 특정한 관념에 따라 항쟁의 성격을 규정하면 지나친 비약으로 인해 5월의 내면적 진상과는 전혀 다른 형상이 주어진다.

  가해 당사자와 피해 당사자는 물론, 당대의 현장에 있었던 세대들이 아직도 5월의 자장 안에 머무르고 있는 현실이고 그런 만큼

---

[46] 위의 책, 54쪽.

5·18은 다양하게 소비되고 있다. 왜곡과 폄훼도 그 형상 중에 하나일 것이며 5·18의 참상과 숭고를 받아들이고 싶지 않은 비지성적 시민들도 단단하게 존재한다. 세칭 일베들과 뉴라이트 계열의 극단적 국가주의를 갖춘 사람들이 그들이다. 이도저도 아닌 중도층의 시민들은 5·18에 대해 그저 시비가 일고 있으므로 되도록 관심을 끄고 멀리 하는 게 낫겠다고 여기고 있다. 야만스런 국가폭력이 또다시 발생하지 않도록 참상의 진면목을 잊지 않고 기억하는 것은 반드시 필요한 일이며, 그것에 맞서서 자기희생을 감수하며 저항에 나섰던 공동체적 용기를 기리는 것은 스스로 인간됨의 존엄성을 지키고 간직하는 것과 같다 할 것이다. 일상 속에서 5월정신이 항상적으로 머물러 있어야 할 이유이기도 할 것인데 그것은 문화예술의 형상을 띠어야 일상의 도처에서 숨 쉴 것이다. 5·18을 재현하고 형상화하는 일이 5·18이라는 사건 자체가 지닌 예술적 전개 과정을 그대로 살려냄으로써 사람들의 마음을 움직이는 일이기도 하겠지만 시대적 조건과 환경에 맞게 변주된 문화예술로 재형상화하여 접근하는 것이 사람들에게 다가가기가 훨씬 수월하기 때문이다. 사람들의 일상적 감성에 호소하면서도 문화예술은 항상 새로움으로 대중의 마음을 움직인다. 5·18을 기념하고 계승하는 일에 있어서 새로운 문화예술적 전략이 요구되는 이유가 여기에 있다. 이 작업은 수용자의 입장에 서서 매우 섬세하게 고려되고 기획되어야 한다. 5·18의 서로주체성을 드러내는 일은 매우 고난도의 창작 역량이 요구되는 것이기도 하지만 그렇다고 지나치게 추

상적으로 접근하면 수용자는 이해하기 어렵다. 지나치게 심미주의적으로 다가가서도 안 될 것이다.

 형상화에서 대상 충실성을 지나치게 약화시키는 추상성이나 탐미주의는 경계해야 마땅하다. 그것이 5·18 관련 접속에는 어느 정도 기여할망정 5·18정신의 확장과 공유에는 오히려 역효과를 유발할 여지가 있기 때문이다.[47]

 아울러 5·18의 과잉 대상화 역시 일반 대중에게는 혐오감과 거리감, 거부감을 유발한다. 5·18의 참상을 알리는 데 끔찍한 사진은 설마 하던 사람들에게 충격을 던져 주었다. 그러나 지금에 이르러서 그 사진들은 오히려 혐오감을 유발한다. 그리고 5·18이 지닌 절대정신의 이상성을 아무런 맥락 없이 현실에서 벌어지는 모든 사건에다 비유하여 형상화하는 것도 거부감과 적대감을 불러일으킬 따름이다. 예를 들어 4대강 문제가 심각하게 제기되고 있다 할지라도 5·18정신을 4대강과 연관하여 표현하는 것은 그 의도와 무관하게 수용자에게는 불편하게 다가간다. 이현령비현령식으로 5월정신을 갖다 붙이고 기념행사를 진행하는 것도 문제이지만 문화예술로서 기억하고 형상화하는 데 있어서 주체들의 과잉 대상성은 긍

---

47 유제호, 「전북에서 본 5·18 – 문화예술적 재현 및 대중 수용의 양상」, 『5·18 민중항쟁에 대한 새로운 성찰적 시선』, 한울, 2009. 56쪽.

정적 매체로서의 역할을 심화하기보다는 배타감을 확대할 뿐이다. 문화예술 주체들의 의도는 어김없이 거부되고 만다. 5·18을 접하는 대중은 순진무구하지 않으며 자신이 누리고 수용하며 판단하고 있는 문화적 지성의 수준에서 5·18과 대면하려고 하기 때문이다.

가장 우선적으로는 5·18에 대한 가치 중립의 태도를 취하고 있는 대중을 대상으로 설정할 필요가 있겠다. 이럴 때 주목할 점이 재현과 형상화에 있어서 신중한 접근이다. 우선적으로 주의해야 할 몇 가지 요소를 살펴보자면 다음과 같을 것이다.

첫째로 5·18의 진실과 객관적 사실에 대한 매우 충실한 접근으로 사실에 대한 미흡함이나 지나친 추상화로 인한 모호함을 차단하는 것이 필요하다. 둘째, 당면한 사회정치적 상황에 의해 가질 수밖에 없는 일반적인 정서에 대한 고려가 충분히 되어야 한다. 셋째, 수용 가능한 수준과 매체적 방법이 필요하다고 할 수 있다.

5·18의 구체적 사실 전달 의도로 접근하는 과잉 폭로는 받아들이는 대상에게 혐오감과 거부감을 줄 수도 있다. 참혹함과 참담함은 이루 말로 표현할 수 없는 수많은 현장 사례가 있지만 그것은 대상에 따라 적절하게 제공되고 전달되어야 한다. 청소년들에게 보여 주는 끔찍한 시신의 사진은 오히려 두려움을 조성할 것이다.

지나친 추상화와 심미화 역시 경계해야 할 태도일 것이다. 역사로서 기억을 계승하기 위해서는 5·18의 독보적 성격과 지니고 있는 구체적인 의미가 충실하게 재현되고 형상화되어야 한다. 지나친 보편화는 역사적 사건 중 특별할 게 없는 어떤 하나로 인지될

가능성이 높기 때문이다.

　표현 주체의 감정 과잉에 따라 받아들이는 사람의 수용 가능성을 차단하는 방법도 배제되어야 할 것이다. 주체의 지나친 흥분은 대상에게 아무런 감흥을 주지 못한다. 거리감만을 느끼게 할 것이다. 1980년대 초반의 5월시들이 대체로 이 같은 양상으로 전개되었는데, 시대 상황에 따른 한계라고 할 수 있겠지만 30년이 지난 지금에 이르러서 그와 같은 미학적 접근은 대중들을 떠나보내게 할 것이다. 또한 5·18이 지닌 의미의 지나친 확장은 결국 5·18의 의미를 거세하는 것과 같으며 기념해야 할 정당성을 확보하기 어렵게 만든다. 실패한 전야제의 경험을 보면 기획 주체들의 지나친 정치 과잉으로 5·18정신을 해체해 버리는 경우가 이런 경우다. 전야제 행사의 주제와 양식은 가장 우선적으로 5·18의 내재적 가치를 재현하는 것에 몰두하면서 어떻게 현실에서 계승하고 확장할 것인지가 관건이 되어야 한다. 평화나 통일의 이념적 가치를 전면에 내거는 것은 정치 선전에 그칠 따름이지 일반 대중을 수용하는 데는 장애를 조성할 뿐이다.

　수년 동안 대표적인 기념행사로 자리 잡은 전야제를 통해 시간을 거슬러서 감격과 감동의 현장을 되살리는 방식이 어떠해야 할지를 따져 보는 것도 좋을 것이다.

　5·18의 사건적 실체와 담지한 정신 가치는 말과 언어와 문화예술적 매체를 통해서 기념되고 전승될 수밖에 없다. 앞에서 살펴보았듯이 5월 문제 해결의 5원칙에 따라 전개된 5월운동의 면모도

그러한 과정을 거쳤고 일정 정도 시간이 흐르자 5·18정신 계승의 문화예술적 면모는 거의 지배적인 방식으로 자리 잡았음을 알 수 있다. 5·18의 가치와 의미에 대해서 언어에 의한 담론은 아직도 무한한 형상 가능성을 남기고 있음을 전제로 한다면 참상을 잊지 않고 숭고를 간직하는 일은 문화예술의 일이라 할 것이다. 후세대가 5·18을 감성화하고 자기 내면화하는 것은 어떤 방식으로든지 역사적 실물을 소비하는 방식일 수밖에 없다. 문학작품이 그러하고 영화가 그러하며 미술과 음악이 그러할 것이다. 창작 주체는 공적 영역에서 보장되고 양성되며 활동하도록 해야 하겠지만 창작을 수용하는 사람들은 소비주체로서 5·18에 접속하고 공유하면서 자기화해 가는 과정을 밟을 수밖에 없다. 5·18은 이미 역사문화화의 길을 걸어가고 있다. 국립5·18민주묘지는 광주를 거치거나 방문하는 관광객과 수학여행 학생이 거쳐 가는 역사관광여행의 코스가 되었다. 광주를 방문하는 아시아인과 다른 국가의 여행객에게도 5·18은 관광 코스다.

  5·18의 정신 가치를 영속적으로 모색하고 심화 확장하는 것과 더불어 역사 교훈의 중요한 공간적 역할을 배치하는 것은 무모한 것이 아니다. 행사(혹은 축제)로서 접근되는 5·18이라면 더욱 문화콘텐츠화가 필요할 때이다. 5·18정신 가치의 전면적 문화상품화를 거론하는 것은 아니다. 5·18을 광주만의 사건으로 만들고 싶어 하고 지역주의 산물로 배제하고자 획책하는 정치공학이 여전한 이상 제도적으로 표상되는 5·18의 기념행사는 더욱더 공식화해야 하고

훨씬 광범위하게 국민들이 추모하고 기념하게 해야 한다. 국가기념식의 '임을 위한 행진곡' 논란이 반증하고 있는 현실이다. 역설적으로 그런 만큼 거리감이 있는 국민은 물론 무지하고 관심 없는 일반 대중을 5·18정신에 접속하도록 유도하기 위해서는 문화 콘텐츠로서 접근이 필요한 시점이라고 판단된다.

5·18문화예술 역량은 다양한 장르에서 수준 높은 작품으로 구현되고 있다. 전 장르에 걸쳐서 창작되고 시연되었으며 대중과 호흡하기도 하였다. 문제는 이와 같은 문화예술 창작 역량을 적극적으로 일반 대중에게 소비되도록 매개하지 못하고 있다는 점이다. 앞서 언급하였다시피 무관심하거나 무지한 일반인을 대상으로 할 경우 콘텐츠로서 문화상품은 정치 과잉된 5·18의 현재를 완화하고 보편화하는 데 충분히 기여할 수 있을 것이다. 발달한 역량에 걸맞게 잘 디자인된 콘텐츠는 대중들에게 쉽게 다가갈 수 있다. 특정 집단이 아무리 폄훼하더라도 5·18은 국가가 기념하는 역사적 사건이다. 사회제도적으로도 대중들이 소비할 수 있는 여건이 우선적으로 갖춰져 있다. 광주 곳곳에 지정되어 있는 5·18주요 사적지를 콘텐츠가 소비되는 거점 공간으로 개발할 필요가 있다. 국립5·18민주묘지가 대표적일 것이며 여전히 가장 많은 방문객이 참배를 겸해서 다녀가는 망월동 5·18구묘지가 대상 공간일 것이다. 매년마다 다녀간 관광객들은 자신이 기념하고 기억할 만한 대상 매개물이 없다는 것에 대해서 아쉬움을 표하고 있다. 콘텐츠로서 5월이 대중들에게 충분히 공감될 수 있는 여건 또한 있는 것이다.

제 3 부

1980년 5월 광주는 인간의 모든 감정이 촉발된 시공간이었다

자명한 오월에 파문을 내야 할 5·18문학상

하나의 사업

회고에서 출발할 수밖에 없겠다.[1] 간단한 경과는 이렇다. 처음엔 5·18기념재단이 주관하여 시작한 2005년 '5·18어린이문학상'이었다. 동화 작품을 기초 작품으로 하여 다양한 콘텐츠를 개발하려는 의도로 시작한 것이었다. 한국작가회의와 계간 『문학들』이 5·18문학상으로 함께한 것은 2006년부터였고 시상의 내용과 심사방법이 조금씩 변화하긴 하였으나 12년 동안 5·18문학상이 시상되었

---

[1] 필자가 5·18기념재단에서 일할 때 당시 민족문학작가회의와 계간 『문학들』에 제안하여 시작한 시상사업이다. 국가기념식을 치르는 것을 제외한다면 5월에만 여러 행사를 열 뿐 광주에서조차도 시민들의 무관심과 외면이 깊어질 때였다(때늦은 감이 없지 않았지만 『문학들』 2016년 봄호에 오월정신의 심미적 확장을 위한 일환으로 시문학이 절실하게 필요하다는 주장을 펼친 바 있다).

다. 상금은 많지 않다.[2] 처음에는 신인과 기성문인을 포함하여 시와 소설, 동화 작품의 공모 방식이었다. 그러다가 3회 이후 신인 중심으로 응모대상을 제한하여 진행하였고 10년차 되는 해부터 신인상과 본상을 나눠서 시상하게 되었다. 그러니 본상은 2016년부터 시작하여 2회 차가 된 셈이다. 횟수를 거듭할수록 신인상 응모 숫자는 늘어나서 전 장르를 총괄하면 평균 300여 명이 넘는다. 본상은 한 해 전부터 발표된 작품을 대상으로 장르별 심사위원으로부터 추천을 받은 다음 예비 심사와 본 심사 과정을 거쳐서 수상작을 결정하였다. 그리고 선정된 작품은 계간 『문학들』에 전재한다. 5·18민주화운동의 정신을 기리고 계승해야 할 가치를 문학적으로 심화하고 의미적으로 확장하였으면 좋겠다는 것이 5·18문학상의 취지이다.[3] 시상 시기의 사회정치적 흐름과 문화적 현상으로서 5·18이 문학인과 독자의 내면에 어떻게 위치하는가는 5·18문학상의 주요 환경이 된다.

---

[2] 초기 소설 300만 원, 동화 200만 원, 시 100만 원으로 시작하였다가 지금은 모두 300만 원을 상금으로 준다. 2016년부터 시작된 본상은 1,000만 원이다.

[3] 2016년 신인상 공모 문안과 본상 공고 문안을 보면 이렇다.
신인상 – "5·18민주화운동의 정신을 기리고 이를 계승할 문학작품을 발굴합니다. 민주·인권·평화의 세상을 열망하며 오월문학에 새로운 활력을 불어넣을 역량 있는 신인들의 많은 관심과 응모를 기다립니다."
본상 – "5·18민주화운동의 정신을 기리고 새로운 관점으로 이를 계승하면서 높은 문학적 성취를 보여 주는 작품을 발굴하고자 5·18문학상 본상을 제정해 운영하고 있습니다. 오월문학의 저변 확대를 위해 노력해 오신 작가 여러분들의 많은 관심 바랍니다. 5·18문학상은 기성작가의 기 발표작을 대상으로 합니다."

망각을 피하는 방법

역사는 반복된다. 형식만 달리한다. 형식이 파기되어야 다른 역사가 등장한다. 오월은 참극과 숭고가 같이 상존한다. 참극의 기억을 활성화할 때 사람들은 숭고와 함께 공동체의 윤리를 자신의 것으로 삼는 용기를 냈다. 그것이 1980년대를 슬픈 양심으로 살아가게 한 힘이었다. 그리고 1987년이 가능했다. 잠시, 그러니까 도무지 상상해 본 적 없는 승리가 눈앞에 펼쳐지자 1980년대를 숨죽이며 쏜살같이 내달린 양심은 머뭇거렸다. 민주주의 이행기를 소극적으로 호흡하며 소비했다. 조직과 집단이 내세웠던 공통의 가치와 신념은 현실사회주의 몰락과 함께 역사의 썰물이 되어 버렸다. 헌신과 강한 의지로 얻은 명예는 개인의 장식과 안녕으로 치환되었고 진보(세력이)라 일컬을 만한 운동가들은 자신의 내면을 추스르느라 낱낱이 분쇄되고 말았다. 참극을 이겨 낸 전과는 그 고난의 각오와 의지, 그리고 신념의 혹독성과 시간만큼 더 많은 물질적 풍요와 더불어 일상의 곳곳에 스며들었고 사회정치적 안녕은 각각의 개인들에게 흥미롭고 다양한 일상적 문화를 누리는 즐거움을 안겼다. 그러는 사이 이행기 정의는 정략의 배를 타고 허상의 항구에 정박하였다. 이 정략의 항해는 아슬아슬했다. 정치 군부의 싹을 도려냈고 부정한 정당의 등장을 막아 버릴 금융실명제를 도입했으며 5·18을 국가적 공론의 장에 올려놓았다. 그러나 이행기 정의를 순항할 정략의 배는 지극히 사적인 항구에 정박하고 마는 것이니 고백과 사죄도 없이 국가공동체를 파탄 내고 국민을 도륙한 범죄자들을 용서해 버린 것이다.[4] 제대로 처리하지 못한 과거사는 거칠게 묻힐 운명이었으며 조만간 민주주의의 파탄이 예고된 것이기도 하였다. 한편, 순정한 삶의 가치와 불굴의 의지로 불의에 맞선 지성은 더 훈련되고 성숙해져 공동체를 이끌어 나갈 정치적 주체로 거듭나지 못했고 신념에 어긋나는 것들과 비타협적으로 싸워 온 집념은 아집이 되어 편벽하거나 낡은 진영의 범주에 갇혀 역사적 퇴행을 부채질하였다. 성찰의 목소리는 웅얼거리는 독백에 그치거나 소외를 자초하는 일이었다.

  5·18의 진상규명과 책임자 처벌, 그리고 기념사업이 놓인 시대적 배경과 흐름이 이와 같았다. 시민적 저항공동체라는 자부심은 깨졌다. 당사자주의라는 수치심도 새겨졌다. 제대로 밝히지 못한 진상은 변죽만 울리고 묻혀 갔고 빨갱이 처단이라는 데마고그에 휘둘려 곳곳에서 학살을 저지른 공수특전사의 '김하사'와 '이중령' 등은 자신의 범죄를 고백하지도 처벌받지도 않았다. 68구의 시신[5]은 아직도 오리무중이다. 왜곡과 폄훼, 그리고 광주만(그들만)의 성스러움으로 가둬 버리고 싶은 도저한 대한민국 지배 세력의 음험한 야심은 이미 예고된 것이었다.[6]

---

4 김대중 전 대통령은 자신이 대통령에 당선되자 김영삼 대통령에게 전두환을 비롯한 신군부 일당을 사면해 줄 것을 요청하고 2017년 2월에 그들은 사면되어서 석방된다.
5 정부가 인정한 실종자의 숫자이자 국립5·18묘지에 비석만 세워진 실종자 현황이다.

시대의 현장을 건넌 당사자들의 목소리는 기록되고 남겨졌지만 거침없이 망각의 강을 건너가기도 하였다. 새로울 것도 없으므로 특별히 관심 있는 사람이 들여다보고 충족하면 될 일이다. 5월만 되면 당사자 단체들의 시끄러운 갈등도 지겹다. 그들만의 오월이 아님에도 불구하고 사유화하고 있다고 여기며 시민들은 냉소다. 자부심과 환멸이 병존한다. 깊은 사랑과 무관심이 동행한다. 그리하여 5·18은 어떻게 기억되어야 하는가? 5·18의 정신 가치와 계시된 이념은 무슨 방법으로 계승의 그릇을 만들까? 이 여러 겹의 상충된 오월의 내면을 어떻게 두들겨 깨울까? 이와 같은 진단이 길게 부연한 5·18문학상 제정의 이유일 것이다.

쓰지 않고는 못 배기는 사람들

오월문학은 많은 성취가 있다. '우리를 잊지 말아 주세요'라는 유언은 시인들의 감성을 즉각적으로 촉발하였고 소설은 좀 더 차분하게 유언장을 작성한다. 1980년대가 시인이 충동한 시절이었다면 1990년대는 소설가가 직조하는 역사였다.[7] 그런데 시인과 소

---

6 민주주의 참담한 후퇴의 참극이 세월호 사건이다.
7 굳이 시대적 구분으로 시와 소설 문학의 전개 양상을 구분하는 것은 특별한 의미가 없다. 창작의 수량과 하나의 경향을 표현할 따름이다. 시와 소설 작품의 대체적인 성과를 모아서 2012년 5·18기념재단이 '오월문학총서'를 발간하였다.

설가들이 이룬 문학적 성취는 5·18문학상 제정이 필요한 오월의 배경처럼 소리 없이 저물어 갔다. 쓸 만한 사람들은 다 썼고 쓸 만한 이야깃거리도 없어 보였으며 문학이 있을 만한 긴장과 충일은 사라졌다. 소소한 추문과 매우 특수해 보이는 사건들이 무료해진 오월 이야기들이었다. 국가적 의례로 기념되는 오월은 특별한 이유를 갖는 사람들에게만 의미화할 뿐이었다. 오월문학은 5·18행사 주간에 잠시 나타났다가 사라졌다.

그 사이 5·18을 대한민국 현대사의 궤적에서 지워 버리고 싶은 자들이 준동하였고 어김없이 역사의 썰물은 극단의 반동으로 허약한 민주주의의 내면을 파고들었다. 단적인 예가 5·18을 둘러싼 논란이다. 범상한 1950년대 전후의 비슷한 사건으로 만들고 싶은 극우 지역주의 정치세력의 공공연한 도발이 '오월광주'의 재고립과 더불어 등장하였다. 정치적 단죄는 공동체의 외양을 띠었으나 지극히 사적인 용서에 지나지 않았음이 도처에서 확인되었다.[8] 미진한 이행기 정의의 실마리를 다시 붙잡아 과거 청산을 제대로 해야 했다. 용서를 제대로 하기 위해서는 '그들'의 고백과 사죄가 있어야 한다. 한 인간이 저지른 행위에는 행위의 유래가 문화적으로 학습된 함축된 사회적 경험이 내재해 있다. 국가적 범죄라 할지라도 국

---

[8] 사면은 국가의 이름으로 범죄자에게 내리는 공동체적 용서를 뜻한다. 전두환을 비롯한 신군부에 대한 사면은 최소한 '광주' 피해자들의 동의조차 구하지 않은 지극히 사적인 동기로 행해진 정략이다. 끊임없는 왜곡과 폄훼의 근원이 여기에 있다 할 것이며 학살현장의 개개인의 '야만'을 치죄하지 않은 후과이기도 하다.

가적 단죄와 더불어 범죄를 실행한 개인을 반드시 처벌해야 한다. 처벌 과정은 고백과 사죄의 과정이며 이를 통해서 용서가 가능해지고 범죄는 공동체적 치유의 과정을 갖게 된다. 오월문학이 짊어져야 할 숙제가 어디에 있을지를 가늠해 보자는 말이다.

5·18문학상의 제정이 오월의 숭고함을 기리고 계승하고자 하는 데 있다는 취지는 무난하다. 그래서일까. 5·18문학상은 제자리를 잡지 못하고 아직 배회하고 있다. 미진한 과거 청산을 되묻는 것은 '그 자'이다. '그 자'는 오월과 민주주의 역사를 조롱하고 면박하고 있는데 민주주의의 주인이자 주체인 대한민국의 국민은 잠시 흥분하다가 잊는다. 역사가 일직선이 아님을 고려한다면 '그 자'의 도발을 성찰의 자양분으로 삼아 문화 교양으로 공동체의 윤리를 한 단계 더 끌어올리는 것은 어떨까?[9] 그래서 쓰지 않고서는 못 배기는 사람들에게 하나의 꺼리를 제공하는 것, 5·18문학상 제정의 좀 더 핍진한 속사정이다.

문청(신진 문학인)들이 오월을 자기화하여 쓰도록 충동하자는 것. 망각에서 활성화 기억으로 오월을 면전에 놓도록 하는 것. 지식 정보에서 내면 성찰로 오월을 자각하도록 이끄는 것. 언어를 매개로 쓰지 않고는 못 배기는 사람들의 고통스런 과정이 고스란히 읽는 사람들에게 다가가 그 과정이 오월의 새로운 문화적 양상을

---

[9] 만화가 강풀이 웹툰으로 『26년』을 그려서 발표하게 된 동기가 '그 자'에 대한 문화적 단죄를 내리고 싶었다고 한 것은 의미심장하다.

형성하는 씨줄과 날줄이 되었으면 하는 것.

바람이 너무 거창한 것이었을까?

제도가 지닌 가치

오월의 정신 가치가 이후 세대의 사회문화적 교양으로 내면화하여 언젠가 다시 등장할지 모를 참혹에 맞서는 실존의 힘이 되기를 바라는 게 '오월지성' 또는 '문화적 교양으로서의 오월'을 호명하고자 하는 의도이다. 참담한 사실을 대면하고 그 본질을 직시하려는 것은 고통스럽다. 통증이다. 통증으로 사람의 내면은 강화된다. 슬픔이 힘을 갖고 사람을 성장시킨다는 말일 것이다. 오월이 사람들에게 참담으로만 얘기된다는 것의 강점이다. 그런데 오월은 참담함만이 아니다. 사람의 존엄은 어떻게 지켜지는 것인가, 희생이 얼마나 사람다움으로서 숭고한 아름다움인가가 오월의 양면이다. '피해자'만이 아니라 용기 있는 '행위자'를 동시에 알아야 한다. 인간이기 위해서 목숨을 걸었고 인간이기를 지키기 위해서 총을 들었으며 기꺼이 27일의 새벽을 맞이한 숭고를 절실히 감각하도록 해야 한다.

의도는 성공했는가? 상은 격려와 충동이다. 특정한 상은 그에 걸맞은 의도와 목적이 강하다. 5·18문학상은 오월이라는 의도와 목적을 갖는다. 자명하다. 질문이다. 우리가 빤히 다 아는 오월은 무엇인가? 특히 문학상과 관련한 오월은 무엇인가?

누구누구의 이름을 내건 상은 숱하다. 그 사람의 문학적 업적을 기리고 그에 부합하게 치열한 '이후'를 격려하고 추켜세우고자 하는 것일 게다. 받는 이는 영광이며 기쁨이다. 게다가 부상은 대체로 규모가 크다. 가난한 문인으로서는 모처럼 물질적 품위가 서는 일이기도 하다.[10]

5·18문학상은 역사적 사건을 내세운 상이다. 그래서 자명한 오월정신을 묻는다. 1980년 오월은 어떤 정신 가치를 내포하는가. 특정한 관념적 기준으로 오월을 말하는 것은 숱하다. 시대적 관념으로 재단되기 일쑤였다. 분명한 것은 관념의 그릇이 더 많이 필요해 보인다는 점이다. 과거의 관념의 틀은 지나치게 협애하다. 오월을 진보적 이념으로만 담으려는 한계다. 극단의 야만에 맞선 사람다움의 숭고는 진보와 보수의 정치적 이념의 틀을 포괄한다. 기준은 야만과 존엄이다. 참혹과 숭고이다. 발가벗겨진 채로 백주대낮에 올려 세워진 인간의 야만과 존엄에 대해 '사람'이 어떻게 생각하고 어떻게 행동하였는가가 기준이다. 5·18문학상이 문학이라는 이름으로 공동체의 윤리 형성에 기여할 수 있다면 바로 이 대목일 것이다. 그런데 문학은 집단이나 공동의 창작 영역이 아니다. 개인의 내면적 고투와 그만이 지닌 언어적 조탁이 생명이다. 그것을 제도의 이름으로 호출하는 것이 문학상이다. 오월에 대한 내면적 고

---

10 가난한 문인이 수상한다는 말은 어불성설일 수도 있겠다. 대체로 대학 교수로 있는 문인들이 모모 상을 수상하는 경우가 다반사이기 때문이다.

투를 요구할 뿐만 아니라 고투에 부응할 오월의 언어를 내놓을 것을 촉구하는 것이다. 이때 5·18문학상은 최소한 두 가지에서 수상자에게 예의를 갖춰야 한다. 상의 권위와 물질적 품위를 안겨야 한다. 제도가 수행할 몫이다. 5·18문학상은 문학상으로서 권위가 있는가? 상으로 권장할 만한 물질적 품격을 갖추고 있는가? 정신적 권위는 누가 부여한다고 해서 생기는 것이 아니다. 아우라의 영역이다. 물질적 품격은 지나치면 염치없게 만들고 사소하면 노고를 애써 감당하려 하지 않는다. 곤경이자 의미 있는 지점이다. 이 길항을 잘 살려 나가면서 단단하고 깐깐한 하나의 제도이자 사업으로서 '문학상'의 위상을 갖추는 게 5·18문학상의 과제였을 것이다.

무감하고 진부하고

의도는 그리 성공하지 못하였다. 쓰지 않고 못 배기는 사람들을 많이 충동하지는 못한 것으로 보인다. 오월은 성찰의 대상이 아니라 지식과 정보의 테두리에서 맴돌았다. 사건이 지닌 이야기들의 깊은 속내를 탐구하지 않으며 소재들의 재의미화와 탈영토적 재구성은 찾아보기 어려웠다. 초혼에 앞서 오월무당은 불러낼 영혼을 충분히 공감해야 한다. 직관은 숱한 경험과 지혜의 산물이다.[11] 추체험과 간접 경험을 행할 만한 공간과 기억은 산적해 있다. 파고들지 않으니 겉돌고 묻지 않으니 맥빠지며 대면이 없으니 관계 또한 허망하다. 말하자면 읽지 않고 찾지 않으며 조사하지 않는다. 그러니 구태의연하고 식상하고 진부하다. 게으른 게 역력하고 단순 반복의 수공업적 기술만 드러날 따름이다. 읽는 사람도 그리 많지는 않겠고 쓰겠다고 나선 사람들에게조차 감흥을 주지 못한다. 진즉에 이룬 선대들의 문학적 성취를 포월(包越)하여 새로운 미적 감각을 열어젖힐 도전은 찾아보기 힘들다. 신인의 패기도 볼 수 없다. 말하자면 흥행은 실패한 것이다. 대체로 문학이라는 상품이 자기 시장을 왕성하게 형성하지 못하고 퇴락한 시골 장터의 뒷방 처지가 된 사정과도 연관될 것이다. 그러나 여전히 오월이 지닌 사건으로서의 스토리는 거칠지만 씩씩한 이야기꾼을 기다린다. 더 복잡해진 개인의 사회적 감성을 언어적 조탁으로 오월을 심미화하는 서정을 갈구한다. 하나의 사업으로서 5·18문학상을 표방했을 때 명예롭고 의미 있는 사회적 도구로 오래도록 인구에 회자되려면 그에 부합하는 장치와 과정으로서의 방법이 필요하다. 그리하여 다음의 것들이 세밀하게 따져질 필요가 있어 보인다. 상금은 적당한가? 시상은 뜻깊은가? 찬사는 자랑스러운가? 등용문으로서 환호는 열렬한가?

---

11 2006년 이후 응모작에 대한 심사평과 5·18문학상 발전 방향 워크숍에서 제시된 평가 내용에 근거한 진단이다(2014년, 10회를 대비한 주관단체 및 심사위원들 합동 워크숍).

아직 미답인 오월의 진경

사업으로서의 5·18문학상은 제도로서 자기 지반을 구축해야 한다는 것이 결론이다. 시장이 미미하더라도 희소성이 훌륭한 사용 가치일 수 있다. 작더라도 길고 오래 사람들의 공동체에 울림을 주어야 한다. 잊었다가도 문득 조우하게 해야 한다. 이미 역사가 그러하다는 것을 보여 주고 있다. 민주주의 후퇴와 더불어 어처구니없는 참사는 부지불식간에 눈앞에 등장했다. 나와는 상관없는 일이라 여겼던 일들이 나의 일이자 이웃의 사건으로 다가섰다. 머뭇거리게 하고 멈춰 서서 생각하게 하는 일이 문학이라면, 그리고 그것이 5·18이라면 아직 싸움은 끝나지 않았다.

과거는 오늘을 있게 한다. 집요하게 5·18민주화운동을 폄훼하고 왜곡하는 사람들이 있는 것은 오늘의 자신을 부정하기 싫은 것 때문이다. 과거와 싸우는 것은 현재를 긍정하기 위한 것이다. 옳고 그름은 싸움의 정당성에 달려 있다. 나치에 부역한 아버지의 삶을 알게 된 아들이 클림트가 그린 「아델레의 초상화」를 유족에게 돌려주기 위해서 모든 정성을 기울이는 영화(〈우먼 인 골드〉)의 한 장면이 떠오른다(이런 장면은 숱할 것이다. 최근의 기억이 우선하였다). 그리고 신산한 대한민국의 근대를 생각한다. 한국인의 탄생은 어느 자궁에서 비롯하였을까. 근대화의 신기루를 부인할 수 없다면 그것이 내재적이든지 외재적이든지 우리들의 유전자에 각인되어 있을 것이다. 조선의 자궁인가. 아니면 식민지의 인큐베이터인가. 남북의 민족전쟁(또는 이념전쟁 – 전쟁은 모두 지배 권력의 산물이다)은 어떠한가. 그리고 '빨갱이'(라는 증오의 이름)는 누구의 자손인가. 자본주의 근대의 가치도 근대 사회주의의 평등 이념도 제대로 포섭하지 못한 채 인공지능의 시대를 살고 있는 한국인의 조상은 누구인가. 부정되어야 할 과거는 있을지언정 말살해야 할 역사는 없다. 사람의 생이 그렇다. 대한민국이 그렇다. 지난 과거와 제대로 싸우지 않고 오늘을 맞이하면 지불해야 할 공동체적 고통이 어떠한지를 몸소 경험한 '시민'들은 오월 이후의 사람들이다. 무슨 헛소리인가. 오월의 이전과 이후를 포괄하여 한국인의 초상을 문학이 그려 보는 것은 어떤가를 묻는 것이다.[12] 야만과 존엄이 백주대낮에 현현한 사건. 참담과 숭고가 하늘나라처럼 계시된 시공간. 거칠고 무섭고 사나운 구두닦이와 거룩하고 고상한 목사와 교수가 아웅다웅하며 '절대공동체'를 이룬 오월. 독재정권의 타도를 위해 혁명을 꿈꾸던 젊은 지식인들이 군중의 물결에 속수무

---

[12] 동학농민혁명과 일제 강점기 3·1운동, 4·19혁명으로 잉태된 '한국인'의 탯줄은 현실을 이끌어 가는 시대정신의 의제, 또는 정치 이념으로 상정되지 못한 채 대한민국의 한국인은 기형적으로 성장하였다. 그리고 21세기 초입에 '촛불 시민'이 탄생하였다. 한편, 오월 당사자 중 사후에 국립5·18민주묘지에 안장되지 못할 유공자가 대략 10%는 될 것이라는 추정인데 그들은 1980년 오월 이전의 다양한 범죄 경력을 자기 삶의 이력으로 가지고 있는 사람들이다. 오월의 삶은 아직 실정법의 테두리에 갇혀 있다. 좀 더 부연하자면 오월을 시점으로 한 '한국인의 초상'은 태초의 순정한 인간이 아니다. 동학농민혁명을 역사로 하여 식민지 고난을 통과하였으며 민족분단의 전쟁 통에서도 살아남고 일제 만주군 장교가 통치하는 보릿고개를 넘어 새마을의 근대를 악착같이 수행한 '사람'들과 그 '후예들'의 초상일 것이다.

책 휩쓸리면서도 기꺼이 민중의 역사에 자신을 헌신한 사건들. 쓰지 않고는 못 배기는 사람들의 고투가 향해 있어야 할 영토이며 이 영토에서 치르는 고투의 품격이 5·18문학상의 주인공이 될 터이다.

사업으로서 지속될 5·18문학상이 하나의 제도로 자리 잡아 나가려면 무엇이 필요한가에 대한 곤혹스런 질문에 내리는 다소 원칙적인 답변이다. 주먹밥과 헌혈의 실존적 연대, 총을 들고 싸워야 했던 인간의 존엄, 탱크 앞에 드러누운 숭고, 죽음으로 죽음을 지킨 27일 새벽의 제의가 '나'의 내면에 깃들도록 하자는 것이다. '나'의 지성을 이루고 문화적 교양으로 향유되어 그에 조응하는 실존적 인간 — '한국인의 초상'을 정립해 보자는 것이다. 이로써 당대의 대한민국 사회구성체의 면면을 채우고 '한국인의 초상'을 세워 보자는 것이다.[13] 오월문학이 필요하다면 바로 이 지점들일 것이다. 그러려면 울어야 한다. 울려야 한다. 읽는 이로 하여금 귀를 열고 함께 울도록 해야 한다. 쓰지 않고 못 배기는 사람들이 먼저 울어야 가능한 일이다. 문학이 그렇다. 5·18문학상을 다루고자 할 때 부득불 생각하지 않을 수 없는 대목들이다. 그리고 오월이 지닌 정신 가치의 생물을 한정할 수 없는 것처럼 5·18문학상 역시 지속되어야 하고 문학시장에서 더욱 흥행하도록 여러 가지 조건과 방

---

[13] 이 사회구성체가 제대로 활성화되고 거기의 '시민'들이 자신의 역할을 서서히 마쳐갈 때 덩달아 오월문학은, 5·18문학상은 새로운 교양의 전통으로 자리매김 될 것이다.

법을 강구할 필요가 있다. 하나의 사업으로서 5·18문학상은 지금 제도화를 위한 과정을 밟고 있다. 상으로서 제도화는 오월이 지닌 정신 가치가 지극히 보편화하고 일반화할 때까지 필요하다. 지성을 갖춘 문화적 교양의 오월 사람들이 사회구성체의 주체가 되고 새로운 '한국인의 초상'의 내용과 형식을 표상할 때 보편화할 것이다. 쓰지 않고는 못 배기는 사람들이 이 과정의 충실한 이야기꾼이자 무당을 자임해야 가능한 일이다.[14] 오월의 진경은 집요한 개척자를 기다리고 있다.

사족

2017년 5·18문학상 본상에 『피어라 돼지』(김혜순)가 선정되어 논란이 있었다. 사업은 이익이 없으면 그만하면 된다. 하나의 사업으로서 5·18문학상이 본분을 다하지 못하면 없애면 된다. 제도로서 이제 막 자리 잡아 가는 중이라면 논란은 필수다. 미리 알 수 없는 논란을 어떻게 다룰 것인가. 절차와 과정을 공정하게 가져가면 된다. 제기되는 문제도 정당하게 결론을 내리면 된다. 주최 측이 가질 태도다. 쓸데없는 논란을 자초한 측면이 없지 않다. 관객

---

14 고은의 『만인보』, 공선옥의 『그 노래는 어디에서 왔을까』, 한강의 『소년이 온다』는 5·18문학상과 무관하게 오월문학으로서 영롱하다.

은 어떨까? 온당함을 두고 찬사와 비난이 있을 것이다. 찬사는 찬사대로 비난은 비난대로 적정해야 한다. 철 지난 편견은 식상하다. 쓰지 않고서는 못 배기는 사람들에게 명예가 되고 격려가 되며 또 다른 경계가 되도록 충분히 평가되었어야 할 일이었다. 매도와 인신공격은 문학의 것이 아니다. 미당문학상과 5·18문학상을 연결하는 것이 낯선 것처럼 미당문학상 수상자이기 때문에 5·18문학상과는 단절해야 한다는 것도 낯설다. 수상자가 사양하는 바람에 논란은 수그러들었지만 5·18문학상 수행자들에게는 허망한 것이었다. 차제에 적실하게 말하자면 삶과 실천이 확고하며 오월의 진경을 언어 매체로 성취한 문학인의 작품에 5·18문학상이 주어지면 두말할 것이 없겠다. 또한 상은 격려이자 찬사이며 오월에 반하는 것들을 경계하는 속내도 있으므로 때론 지혜로운 선택도 무조건 배제할 일도 아니다. 오월의 진경은 아직 미답지로 가득하다. 오월 정신 가치의 심화라는 담론으로 아무 작품에나 5·18문학상의 찬사와 경계를 부여할 수는 없을 것이다. 자명한 오월의 진경을 발랄하고 경쾌하게 답청할 오월문학을 앙망한다.

  2018년 이후 5·18문학상운영위원회에서는 "친일문학상 수상 경력의 작가는 심사위원으로 위촉하지 않는다"고 결정하였다. 운영위원회는 한국작가회의 추천 2명, 계간 『문학들』 추천 2명, 5·18기념재단 추천 1명으로 구성되고, 신인상과 본상 심사위원을 위촉하는 역할을 한다.

문학의 방외자가 던지는
'김현의 오월문학'에 대한 몇 가지 물음들

1. 반복되는 문학에 대한 잡념

문학의 영역을 밥벌이로는 물론, 일상적으로 몰두하지 않으므로 문학계 안에 있되 문학의 중심에 있지는 않는, 좋게 보아 충실한 문학 지지자나 문학의 고급 독자 정도로서의 생각과 물음들이다.

궁구 가능한 인간의 삶과 정신세계를 자신의 작업 대상으로 삼는다는 데 어쩌면 문학의 묘미가 있을지 모르겠다. 독자가 공감해 준다면 더할 나위 없을 일일 것이다. 이때 표현된 작품은 표현한 당사자의 것이기에 책임 또한 당사자의 몫에서 자유로울 수 없을 것이다. 작가의 손을 떠나 세상의 독자와 만나는 순간부터 그 독자와 관계 맺음까지도 포괄한다. 작가를 처벌하기도 하고 작가의 독자를 처벌하기도 한 체제가 있(었)음을 고려한다면 말이다. 이때 등장하는 것이 문학의 사회적 역할론이다. 다른 방식으로 묻는다면 문학은 사회와 어떤 관계를 맺어야 하는가가 될 것이다. '작가는 사회적 관계에서 어떤 위치에 존재하는가'라는 물음과도 같다. 작가가 생산한 작품은, 그가 살고 있는 세상과 어떻게 관계(해야)하는가. 각설하고, 도드라지는 사례로서 미당 서정주와 최근에 불쑥 문학 독자들의 주목을 받는 백석 백기행을 상치할 수 있겠다. 독한 시대에 태어나 별수 없이 살 수밖에 없는 한 인간으로서 삶을 어떻게 갖출 것인가. 이 곤경을 그들은 어떻게 건넜나. 하루하루 살아남는 것 자체가 목적이었던 사람들과는 달리 세상을 통찰하던 혜택을 입었던 사람들로서 두 시인. 「오장 마쓰이 송가」(서정주 – 일제강점기)를 피할 수는 없었을까. 「나루터」(백석 – 김일성 우상기)를 견딜 수는 없었을까. 이즈음에 소위 문학의 자율성에 대한 물음이 뒤따른다.

이 사회에서 어떠한 꿈이 어떠한 형태로 제도화 되어 있는가. 그 제도화는 어떤 모순을 드러냈는가. 그 모순은 어떻게 극복될 수 있는가를 문학은 꿈·행복에 비추어 드러내는데, 문학의 특수한 점은 그 드러냄이 결핍에 의지해 있다는 점이다. 꿈을 꿈 자체로 드러내는 방식을 문학은 취하지 않는다. 그것은 아마도 예언적 철학자가 할 임무이리라. 문학은 꿈에 비추어 어떤 것이 어떻게 결핍되어 있는가 하는 것을 부정적으로 드러낸다. 문학의 자율성이 획득한 최대의 성과는 현실의 부정적 드러냄이다. 그 부정적 드러냄을 통해서 사회는 어떤 것이 그 사회에 결핍되어 있으며, 어떤 것이 그 사회의 꿈인가를 역으로 인식한다.[15]

문학의 자율성에 대한 동의와 문학하는 사람들의 반 자율적인 행위로 인해 빚어지는 반 문학성을 생각하게 되면서 삶의 곤경에 처한 사람들의 삶의 양식에서 범부의 곤경과 지식인의 곤경, 시인의 곤경을 각기 생각해 본다. 이 대목에서 나는 러시아혁명 직후의 마야코프스키를 떠올리고 아우슈비츠 이후 인간이란 무엇인가라는 존재론적 물음에 처절하게 천착하다가 스스로 생을 마감한 프리모 레비를 떠올린다.

아무래도 여기에서 문학에 대한 태도와 관점이 갈림길에 서게 된다. 문학청년이었던 나는 1980년 5월 이후를 어떻게 문학적으로 사유하였던가.

2. 소회

지금에서야 분명하게 자각하게 되는 문학 독자로서의 나의 습벽

---

[15] 김현, 『한국문학의 위상/문학사회학』 ; 우찬제, 『무한텍스트로서의 5·18 − 부재하는 현존, 현존하는 부재, 그 5월의 심연』 중에서 재인용.

인데, "리듬에 대한 집착, 이미지에 대한 편향, 타인의 사유의 뿌리를 만지고 싶다는 욕망, 거친 문장에 대한 혐오" 등으로 '작품'의 우열을 매길 뿐만 아니라 문학과 문학 아닌 것을 재단한다(스스로는 절차탁마가 부족하여 나의 작품을 내놓지는 못한다. 오히려 문학적 재주가 부박하다고 하는 게 더 적절한 품평이다). 그렇지만 그 1980년 5월 전후 분명하게 삶을 어떻게 살아야 하는가를 문학—시와 더불어 고뇌하면서 부단하게도 날뛰었던 세대 중의 하나이기는 하다. 그리고 김현의 지적대로 "시 자체를 팽개치고 실천의 세계라고 불리는 곳으로 거의 완전히 이사를" 해 버렸다.

> 5·18이 촉발한 1980년대 한국 시의 지평 변화가 그 실제에서는 1970년대 시들의 상투적 재생산이라는 것(그것은 진정으로 새로운 이념형이 등장하지 않았다는 말에 다름 아니다). 그런 의미에서 그것은 시적 자아의 체험과 반성을 거치지 않은 모방에 불과하다는 것이 저 문장들의 요지이다(나는 지금 저 말들에 대체로 동의한다. 그러나 당시로서는 저 말들이 형식주의적이고 문학주의적으로 들렸다는 고백 정도는 해야겠다. 말은 항상 정황 속에서 발화되고 수화되는 법이다).[16]

나의 방식으로 위의 문장을 다시 쓴다면 1980년 5월 이후의 사

---

[16] 김형중, 「무한 텍스트로서의 5·18 – 그 밤의 재구성 ; 김현과 5·18」 중에서.

회와 상황에 응전하는 문학적 양상은 문학인 자신은 물론 문학 자체가 현장이어야 했고 문학의 자율성 주장은 시대에 뒤떨어진 '반동적(체제에 순응하는! – 신춘문예 방식에 대한 강한 거부 경향까지 포함하여)' 주장에 다름 아니었으며 문학이 독자와 만나는 방식은 현장이어야 했다. 『창비』와 『문지』, 『실천문학』의 폐간이 미친 분위기도 한 부분이라면 그 시기적 상황과 함께 모든 위험을 감수하면서 전국 각지에서 등장한 동인지와 시 무크지 운동이 당시를 대변한다. 문학주의에 대한 거의 혐오적 분위기를 인지할 수 있으리라. 그러므로 김형중의 고백이 일견 당시의 흐름을 적시하고는 있다. 그러나 너무 온건하다. 지금에 이르러 던지는 질문은 1989년에 썼을 김현의 저 진단이 과연 타당하다 볼 수 있는가이다. 나는 저 주장에 동의하지 않는다. 1980년 5월 이후 들이닥친 질풍노도의 시의 시대에 한국문학에서 5월 시문학이 이룬 성취에 대해서 결코 가볍게 다뤄서는 안 된다고 생각하기 때문이다. 김현 타계 이후 한참 뒤이면서 축적된 저간의 문학적 성과를 함축하고 있음을 전제하면서도 당시 오월 이후 시문학에 대한 김현의 냉혹한 회피에 반하여 나온 황현산의 진단에 동의한다. 좀 길지만 두 대목을 인용해 본다.

> 5월의 광주와 그에 따른 시의식과 창작상의 변화는 현대 한국시사의 관점에서 볼 때, 민족의 시어를 다져 온 이 역사적 사건들과 동일한 위상으로 나란히 놓이기만 하는 것이 아니다.

광주의 영광과 비극에서 탄생한 시들은 저 좌절된 희망들과 그 슬픔을 계승하였으며, 민족의 운명을 가름하는 사건들에 대해 항상 부족하였던 통찰의 거리를 확보할 수 있는 계기를 마련하였으며, 껍데기로 남아 있던 관념을 현실과 결합시켰으며, 주눅든 시어에 생명을 넣어 그 힘의 깊이와 폭을 넓혔다. 5월의 광주는 민족사의 여러 고비에서 시의 언어 앞에 얼핏 내비쳤던 전망들을 한데 아울러 그것들을 새롭게 해석하고 증폭시키고, 어느 정도는 완성하기까지 했다.[17]

지난 1980년대 한국시를 지배하던 언어, 이영진의 시어를 다시 빌리자면 "기운차게 날아드는 주먹과 돌멩이"로 무장했던 언어는 바로 이렇게 광주에서 탄생했다. 군사독재와 맞선 민주화 투쟁의 과정에서 여러 편의 서사시가 발표되고, 운문시가 서사성과 산문성을 띠는 새로운 경향이 나타났지만, 그런 작품들이 거두는 일단의 성공은 응축된 감정이 언어를 밀고 터져나와 그 자체로 시적 감동을 지니게 되는 이 광주의 경험을 그 배경으로 삼았기 때문에 가능한 것이었다. 한국시는 5월의 광주를 시발점으로 삼아, 공교로운 말에 의해서 시적 상태를 창출하는 것이 아니라 마음의 시적 상태를 통해서 언어가 시로 바뀌

---

[17] 황현산, 「광주 5월시의 문학사적 위상」, 『오월문학총서 4 평론』, 5·18기념재단, 2013.

는 창작 실제를 터득하게 되었다.[18]

3. 물음

'각별했던 문학의 밤'이 더 많이 그에게 기회를 부여했었더라면 5월과 연관된 한국문학의 위상에 대한 그의 체계는 어떻게 변주되었을까. 궁금증과 아쉬움은 김형중의 다음 대목에서 더 깊어진다. "촉발적일 수도 문학적 사건일 수도 없음을 경고하고 있"으면서 "그는 기다릴 수밖에 없었을 것인데, 왜냐하면 5·18이 문학적으로 사건성을 획득할 수 있다면 그것은 작품들을 통해서일 것이고, 새로운 언어적 형식과 새로운 이념형의 창출을 통해서일 것이기 때문"이고 "그가 보기에 당대의 오월시에서는 그 전범을 찾을 수 없었고, 그런 사정은 소설에서도 마찬가지였"기 때문이지만, 오월 소설의 걸작들의 출현은 "그가 죽고 나서도 한참 뒤의 일이기 때문"이다.

최하림과 임동확의 시, 그리고 「꽃잎」과 『봄날』과 「광야」와 『오월의 신부』와 『오월의 미소』, 『소년이 온다』와 『야구란 무엇인가』가 "'오월문학'이 한국문학에서 일종의 하위 장르로 자리를 잡"았다는 진단에 대한 물음이다.

---

18 황현산, 앞의 책.

김현은 자신의 문학체계를 세우는 데 있어서 "우리가 익히 아는 경험적 현실의 구조 뒤에 숨어 있는, 안 보이는 현실의 구조를 밝히는 자리"에 왜 1980년 5월 이후의 시문학 작품을 배치하지 않았을까. 문학이 발화하는 지점이면서 문학 외의 세상(사회의 제도화와 직간접으로 연결된 세상)과 만나는 통로(공간)로서 1980년대 이후의 다양한 동인들과 동인지들에 왜 주목하지 않았을까. "시는 외침이 아니라 외침이 터져 나오는 자리"라는 간결한 김현의 시론에 주목하더라도 대두되는 물음이다. 5월 이후 시문학은 외침의 자리이기도 하였지만 외침이 터져 나오는 자리의 주체들과 그 주체들의 발화가 시의 자리를 주되게 차지하고 있지 않았던가. 외면인가, 거부인가. 아니면 자신이 세운 문학적 체계와 부합하지 않기 때문인가(문학주의가 갖는 근본적이랄 수 있는 한계가 이 대목이 아닐까 하는 의구심을 갖는다. 경제학은 통계가 아니라 사람들의 먹을거리와 연결되고 자연과학은 실험이 아니라 사람들의 삶의 양상인 문명의 확장과 연관된 것 아닌가. 문학도 이와 같을 것이다).

김현을 통독하지 못한 나로서 갖는 물음 하나이다. 황현산의 언명을 다시 가져와서 이 물음에 비판적 전제를 덧붙인다.

정치적으로건 미학적으로건 두려움을 모르는 한국시의 언어가 그 튼튼한 체력을 그 죽음과 삶의 경계에서 얻었다. 광주 이후 한국 땅에서 시를 쓰는 사람들은, 그가 민중시인이건 탐미주의자이건 간에, 사실주의자이건 모더니스트이건 간에, 시 쓰는 자아의 정체성과 인간의 한계에 대한 예민한 질문에서 결코 자유로울 수 없었다. 시인들은 역사 속에서 시적 자아의 자리를 정립해야 했으며, 한 사회의 가장 깊은 곳과 자아의 가장 내밀한 곳이 어떤 목소리를 지녔는가를 끊임없이 물어야 했다.[19]

두 번째 물음은 김형중이 "염결한 오류"라고 언급한 부분과 상관된다. 문학비평이 출현한 작품(벌어진 사건)에 대한 분석과 해석(응전과 개념화)에 골몰하는 문학 영역으로서 관념적 체계를 갖추는 것만큼이나 현실의 어떤 출현에 걸맞는 규정 관념(개념)이 뒤따라야 하는 것 아닌가라는 것이다.

왜 그는 끝까지 광주사태라 하였을까. 비평가의 현실 진단으로는 너무 게으르거나 아니면 현실 진단을 유보하거나 오히려 배제한 것은 아닌가 하는 의혹이다(일부러 거리 두기를 했는지도 모르겠다). 개념화는 관념적 실재를 만드는 것이고 문학비평은 문학의 현실성을 두고 그에 걸맞은 명명과 그 후에 다가올 사건일 수 있는 미래의 어떤 것을 추론하고 재구하는 것이 아닌가. 자신의 문학적 체계를 구축하는 데 골몰한 나머지 오월 이후 오월은 물론 오월과 직간접으로 접맥된 문학현장을 선택적으로 소화한 것은 아닌지라는 물음이다. 어쩌면 그의 부끄러움이자 소심함이 그를 자신만의 체계를 구축하는 데로 골몰토록 하였고 불특정하고 거칠기 짝

---

19 황현산, 앞의 책.

이 없는 현장 문학과 동인지 문학을 자신의 자장(체계) 안에 들일 수 없었던 문학엘리트주의를 상상하지 않을 수 없다(이성부와 최하림, 임동확의 시를 분석하면서 그들의 부끄러움과 자신의 부끄러움을 드러낸 대목이 그렇다. "그러지 못한 것이 그뿐이겠는가. 나 역시 그러했다. 60년 봄에 나는 경무대 앞까지 갔으나, 총소리가 났을 때, 내 몸은 한 가게 목판 밑에 있었다. 나는 내가 비겁한 놈이라는 자학을 하면서, 경무대 아래에서 장충단까지를 터덜터덜 걸어갔다. 햇빛은 밝게 빛나고, 날씨는 알맞게 쌀쌀했다.").[20]

두 작품을 대한 감격으로서 '보이는 심연과 안 보이는 역사전망'이라는 평문의 제목은 야릇하게도 다음의 문장으로 대체하도록 유혹한다. "보이는 미학적 고통의 깊이와 안 보이는 전환기로서 역사전망"으로서 말이다. 1989년이면 1988년 5공 청문회가 끝난 뒤가 아니던가. 오월의 참상이 마침내 대한민국의 국민들에게 민낯을 드러낸 시기이기도 하다. 물론, 사회주의 동구권이 막 무너져 가던 때이다.

다른 한편 위의 물음은 훨씬 뒤 김형수의 다음의 언급과 아프게 겹친다.

사실, 문학에서 1980년대 정신은 20년 동안이나 이지메를

---

[20] 우찬제, 「부재하는 현존, 현존하는 부재, 그 5월의 심연」, 『무한텍스트로서의 5·18』, 문학과지성사, 2020.

겪었다. 그렇다면 과거의 가치가 새로운 질곡으로 변질되었다는 주장들은 왜 변질되기 이전의 초심을 재해석하지 않는가? 그들의 해체 정신은 어찌하여 크고 무섭고 구체적인 제도폭력에 관대한가? 1980년대 정신을 넘어서지 않고 절하하며 새것의 가치들을 표방하는 기도들이 한시적 유행을 풍미할 수는 있다. 그러나 그것으로 사라지는 것은 아니다. 분단과 반공, 지역주의의 포위 속에서도 인류의 보편적 가치를 지키기 위해 탄환을 격발하지 않았던 정신을 과거완료형으로 암장할 수 있는 것은 아시아 아프리카 분쟁지대에서 인간의 나약함과 싸워서 이기는 더 위대한 계승자들뿐이다. 한국문학은 여기에 동의하는가?[21]

여기서 김형중에게 물음 하나를 덧붙여 본다.

"'오월문학'이 한국문학에서 일종의 하위 장르로 자리를 잡은 것은 그가 죽고 나서도 한참 뒤의 일이기 때문이다."라는 대목인데 하위 장르로서 오월문학에 대해 좀 더 자세하게 언급을 해 주면 좋겠다. 문학하는 사람들의 이해를 돕기 위해서도, 오월에 관심을 두려고 하는 문청들에게도, 오월과 씨름하고 있으면서도 문학적 형상화를 위해 이리저리 혼란하는 문학인들을 위해서도 요청되는 물

---

21 김형수, 「흩어진 '중심'의 향기」, 『오월문학총서 4 평론』, 5·18기념재단, 2013.

음이다.

4. '매혹적인 글' 읽기와 위로로서의 시

상상력을 촉발하는 글은 매혹적이다. 문장의 질감이 감각적일 때 오래도록 마음을 충동한다. 띄엄띄엄 읽은 것으로 기억되는 김현의 비평이 줬던 감각이 새롭다. 김형중의 글은 그에 비춰 훨씬 더 감각적이다. 감각만 생동케 하는 것이 아니라 성찰적 사유로 이끈다. 김현과 5·18을 따져 물으면서 문학과 문학외적 관계망까지를 끌어내는 솜씨에 대해서야 더 말할 것이 있겠는가. 사실 김형중이나 되니까(마치 내가 김형중보다 한 수 위라고 지껄이는 것 같아 보이지만 김형중의 애독자로서 이 정도는 말할 수 있지 싶다) 이렇게나마 김현의 5·18을 상찬하는 것이 아니겠는가.

> 그러나 김현에게는 지금 우리가 가지고 있는 '사건'이나 '절대공동체'라는 명칭의 선택지가 없었다. 물론 그 말에 붙어 관습화된 부정적 의미를 고려할 때, '사태'라는 용어를 대신할 다른 명칭을 찾으려고 시도하지 않은 것, 그것은 어쩌면 오류였을지도 모른다. 그러나 만약 그것이 오류였다고 해도, 그것은 염결한 오류였으리라. 그는 죽기 직전에야 "하늘의 상석에 올려진" 5·18과 온전히 독대할 수 있었으니까.[22]

"염결한 오류"라 '상찬'한 김형중의 말마따나 김현이 죽은 지 한참 뒤에 황현산은 마치 김현의 '안 보이는 역사전망'을 포괄한 듯 다음과 같은 질문을 이어 가며 오월문학의 현장을 진단한다. 마지막 구절의 선언을 생기 있기 위해서 황현산의 앞선 인용을 덧대어 잇는다.

> 시인들은 역사 속에서 시적 자아의 자리를 정립해야 했으며, 한 사회의 가장 깊은 곳과 자아의 가장 내밀한 곳이 어떤 목소리를 지녔는가를 끊임없이 물어야 했다. 그리고 이 질문들은 여전히 계속된다.[23]

한편 지리멸렬하게 김형중의 김현 상찬에 시비 걸고 있는 나는 5월 이후 시로써 무언가를 할 수 있을 거라는 희망을 접고 "시 자체를 팽개치고 …… 다른 곳으로 이사를 가 버린" 시절을 지나서, 동구도 무너지고 "역사는 끝나 버린" 시대를 맞닥뜨린 즈음 다시 '시의 집'을 기웃거렸었다.

> 시로써는 아무것도 할 수가 없다. 밥벌이도 할 수 없고 이웃

---

[22] 김형중, 『무한 텍스트로서의 5·18 - 그 밤의 재구성 ; 김현과 5·18』 중에서.
[23] 황현산, 앞의 책.

을 도울 수도 없고 혁명을 일으킬 수도 없다. 다만 사람들이 배고파 울 때 같이 운다든가 다른 사람들이 울지 않을 때에 그럼에도 불구하고 과감하게 울어 버릴 수 있다는 것뿐이다.[24]

간지럽겠지만 이 구절에서 나는 '시인'으로서 용기를 낼 수가 있었다. 그리고 문학에 대한 잡념은 좀 더 풍요로워졌다.

김현을 읽으면서 김현 이후를 사유하고 김형중을 읽으면서 김형중과 더불어 미래적 현재를 통찰할 수 있다면 한국문학의 도저함의 결은 이미 우리가 상상한 지점 너머를 향해 가고 있을 것이다. 그 지점이 어디일까. 1980년 오월 이후는 새로운 전통이 시작되었고 그 전통은 당대와 씨름하는 '우리들'로부터 비롯한다는 것, 그것이 그 밤을 감격하는 김현의 성취를, 그리고 그 김현의 내면과 체계를 아우르면서 이후의 오월을 우리 앞에 끌어당긴 김형중의 고투와 함께하는 지점에 가 닿아 있을 것이다.

---

[24] 최승자, 『이 시대의 사랑』 중에서.